www.tredition.de

AF197575

Philipp Schmid

Social Selling
im B2B-Vertrieb

LinkedIn™ wie die Profis nutzen

© 2021 Philipp Schmid

Verlag und Druck:
tredition GmbH, Halenreie 40-44, 22359 Hamburg

ISBN
Paperback: 978-3-347-27001-5
Hardcover: 978-3-347-27002-2
e-Book: 978-3-347-27003-9

Haftungsausschluss

Der Inhalt dieses Buches ist rein für Schulungszwecke. Alle folgenden Methoden und Informationen habe ich, Philipp Schmid, langfristig getestet. Ich habe im Laufe der Jahre gesehen, wie Hunderte an meinem Training Teilnehmende mit der Herangehensweise aus diesem Buch wünschenswerte Ergebnisse erzielt haben. Die Ergebnisse sind jedoch auch typisch und hängen vom Aufwand ab, den Sie betreiben wollen und können, sowie von verschiedenen anderen Faktoren. Auf Veränderungen bezüglich der Preise und der Ausgestaltung der Merkmale der Social-Media-Plattformen habe ich keinen Einfluss. Ich habe das Buch inklusive aller Inhalte mit größter Sorgfalt erarbeitet. Die Funktionen von LinkedIn™ ändern sich ständig. Aus diesem Grund kann ich keine Gewähr für die Aktualität, Korrektheit, Vollständigkeit und Qualität der bereitgestellten Informationen geben. Falschinformationen können nicht vollständig ausgeschlossen werden.

Philipp Schmid übernimmt keine Haftung für Schäden, die durch die Verwendung des Materials in diesem Buch entstehen. Bitte stimmen Sie sich mit der Rechts- oder Marketingabteilung Ihres Unternehmens ab, um Fragen zu klären, die mit Unternehmensrichtlinien oder dem Datenschutz von Personen in Konflikt stehen könnten. Die Richtlinien können für verschiedene Länder unterschiedlich sein und sich ändern.

LinkedIn, das LinkedIn-Logo, das IN-Logo und InMail sind eingetragene Marken oder Marken der LinkedIn Corporation und ihrer verbundenen Unternehmen in den Vereinigten Staaten und/oder anderen Ländern. Aus Gründen der Leserlichkeit verzichte ich im Buch auf die Kennzeichnung LinkedIn™.

Um das Beste aus LinkedIn herauszuholen, sollten Sie ebenfalls deren Richtlinien und Grundsätze respektieren, die Sie hier finden:

https://www.LinkedIn.com/legal/professional-community-policies.

Machen Sie sich mit den Richtlinien vertraut und versuchen Sie nicht, das System zu betrügen. Das wird Ihnen nur schaden. Seien Sie bei der Nutzung von LinkedIn sicher, vertrauenswürdig und professionell.

Inhaltsverzeichnis

Einführung

Dieses Buch behandelt das Thema Social Selling. Es zeigt Ihnen, wie Sie auf LinkedIn Kundenbeziehungen pflegen und neue Kundenkontakte finden können.

Wie einige der Vertriebsmitarbeiterinnen, Vertriebsmitarbeiter, Marketingmanager sowie CEOs, mit denen ich gesprochen habe, stellen Sie sich vielleicht auch die Frage: „Warum muss ich Social Selling lernen oder mich damit beschäftigen?"

Nachdem ich Hunderte Vertriebsmitarbeiterinnen und -mitarbeiter in meinen Onlinetrainings geschult hatte, wurde mir klar, warum so viele von ihnen den professionellen sozialen Medien (Social Media) so skeptisch gegenüberstehen.

- Viele denken, sie kennen schon alle Kunden und brauchen das nicht.

- Viele denken, soziale Medien sind etwas für Jugendliche.

- Viele denken, soziale Medien sind rein für private Zwecke.

- Viele denken, LinkedIn und XING sind reine Karriereplattformen.

- Viele denken, die Präsenz auf sozialen Medien ist keine „richtige" Arbeit.

Ich habe großes Verständnis für diese Vorbehalte, weil auch ich ähnliche Gedanken hatte, als ich 2019 LinkedIn zum ersten Mal gezielt zur Neukundenakquise nutzte.

Ich arbeitete als Marketingmanager bei der Firma SKF, einem großen Hersteller im Bereich der Antriebstechnik, und war als Projektleiter für den Aufbau und Ablauf auf dem Messestand zuständig. Ein Ausstellungsstand auf einer Messe ist für eine Firma normalerweise mit sehr hohen Kosten und einem hohen Personalaufwand verbunden.

Nachdem ich alles durchgeplant hatte, bat ich die Kolleginnen und Kollegen aus dem Vertrieb, Termine für die Messe im Voraus zu fixieren. Es vergingen mehrere Wochen und sie sagten mir immer wieder: „Mach dir keine Sorgen, Philipp. Wir kennen alle Kunden. Sie werden zu unserem Stand kommen."

Für mich war das zu wenig. Da wir viel zu wenige Kundentermine gemacht hatten, wurde ich nervös. Also beschloss ich, etwas zu unternehmen. Ich hatte mir zuvor auf LinkedIn ein Netzwerk in der Branche (Windenergie) aufgebaut, hatte über 1.000 Kontakte (Verbindungen) und konnte über 100.000 potenzielle Verbindungen in der Branche identifizieren. Daraus lud ich Mitarbeiter von potenziellen Kunden und Bestandskunden über LinkedIn zur Messe ein.

Das Ergebnis verblüffte mich. Ich hatte mehr Meetings geplant und vor-arrangiert als das gesamte Vertriebsteam zusammen. Mir wurde klar, dass LinkedIn dazu genutzt werden kann, Kundentermine auszumachen und Leads zu generieren. Ich hatte das Social Selling für mich entdeckt.

Ich wies intern immer wieder auf diese Möglichkeit hin, aber niemand war wirklich interessiert. Das Geschäft lief und der Veränderungsdruck war gering.

Dann kam das Coronavirus und hat alles verändert. Als alle Kundentermine, Messen und Besuche abgesagt wurden, wurde das Thema Social Selling plötzlich hoch relevant. Es ging nicht mehr wie bisher weiter und Vertriebsmitarbeitende waren gezwungen sich mit den neuen Medien zur Kundenpflege und Kundenakquise zu beschäftigen.

Ich durfte innerhalb des Unternehmens viele Kolleginnen und Kollegen zum Thema Social Selling schulen. In Zusammenarbeit mit der SwissMem Academy habe ich dann auch Vertriebsmitarbeitende aus der Schweiz geschult.

Die Trainings sind stark nachgefragt, und trotz Digitalisierung kann ich nicht alle Interessierten schulen. Aus diesem Grund habe ich mein Wissen in diesem Buch zusammengefasst. Mir ist wichtig, dass die Methoden praxisnah und anwendbar sind. Ich möchte Ihnen zeigen, wie Sie soziale Medien, insbesondere LinkedIn, professionell nutzen können, um Ihre Vertriebsziele zu erreichen.

Beim Verfassen des Buchs habe ich viel Unterstützung gehabt. Die erste Version dieses Buchs ist auf Englisch erschienen und wurde von Okesiri Oveh editiert und lektoriert. Beim Lektorat der deutschen Version wurde ich von Stefan Peter und dem Tredition Verlag unterstützt. Karina Stolz hat mir mit der Visualisierung meines Buchs Inspiration für das Titelbild gegeben.

Wie dieses Buch aufgebaut ist

Ich habe beim Schreiben dieses Buches einen einfachen Ansatz gewählt. Wie bei den meisten Dingen im Leben lege ich für alle Lesenden dieses Buches zunächst ein Fundament über die Grundlagen. Ob Sie ein völliger Neuling im Konzept des Social Selling oder bereits eine Person mit Expertise sind, ist egal, denn Sie werden von diesem Buch profitieren.

Nach dem Grundlagenmaterial befassen sich die folgenden Kapitel mit den praktischen Aspekten des Social Selling, von der Vorbereitung Ihres LinkedIn-Profils bis zur Verbindung mit Ihrer Zielgruppe. Um es klar zu sagen: Das Buch geht von den theoretischen Grundlagen zu den praktischen Anwendungen, um sicherzustellen, dass Sie das Beste aus der Zeit und dem Aufwand, den Sie in dieses Buch investieren, herausholen.

Ich freue mich, dass am Ende des Buches Experten das Thema Social Selling aus verschiedenen Blickwinkeln betrachten.

Viel Erfolg beim Social Selling.

Ihr Philipp Schmid

Wie sich der Verkauf an Privatkunden und der Verkauf an Geschäftskunden unterscheiden

Um erfolgreich im Social Selling zu sein, müssen Sie die Unterschiede im Verkauf an Privatkunden (B2C, Business-to-Consumer) und an Geschäftskunden (B2B, Business-to-Business) kennen. In beiden Fällen treffen Menschen die Kaufentscheidung, aber die Verkaufs- bzw. die Kaufprozesse unterscheiden sich grundlegend voneinander. Folglich unterscheidet sich auch die Psychologie hinter dem Entscheidungsprozess für beide Arten von Verkäufen.

Es ist absolut wichtig, sich dieser Unterschiede bewusst zu sein. Verkaufstechniken aus dem Konsumgüterverkauf funktionieren in einer B2B-Umgebung häufig nicht. Wenn Sie die falschen Taktiken und Methoden anwenden, wirken Sie im besten Fall unprofessionell. Im schlimmsten Fall beschädigen Sie Ihre persönliche Marke, und das dauerhaft.

B2B-Produkte oder -Dienstleistungen gelten als Investitionen und fallen nicht unter den klassischen Konsum. Geschäftskunden kaufen Ihre Produkte oder Dienstleistungen, um Kosten zu reduzieren, mehr Umsätze zu generieren oder Prozesse zu verbessern. Diese Investitionen sind häufig komplex und umfassen große Summen. Das hat zur Folge, dass die Entscheider viel mehr in den Denk- und Entscheidungsprozess investieren als in einem B2C-Kontext. Privatpersonen im B2C-Kontext wenden nur dann so viel Aufwand für den Entscheidungsprozess auf, wenn sie High-End-Käufe tätigen wollen, zum Beispiel den Kauf eines Autos oder eines Hauses. Diese Arten von Investitionen sind für sie nicht die Norm, sie kaufen also nicht jeden Monat oder jedes Quartal ein Auto oder ein Haus.

Das' nächste wichtige Merkmal des B2B-Verkaufes ist, dass die Entscheidung von einem „Buying Center" beeinflusst und von einem Gremium getroffen wird. B2C-Käufe werden typischerweise von einer Person für eine Person (oder höchstens für eine Familie) getätigt. Im Gegensatz dazu erfolgen B2B-Käufe durch mehrere Personen (ein Team) für eine noch größere Anzahl von Personen (ein Unternehmen). Das verändert die Dynamik des Kaufprozesses.

Um einen B2B-Verkauf erfolgreich abzuschließen müssen Sie lernen, die meisten, wenn nicht sogar alle Personen im Entscheidungsteam zu beeinflussen. Nehmen wir an, Sie wollen eine Unternehmensversion einer Design-Software verkaufen. In diesem Fall muss Ihre Marketingkampagne auf das Team abzielen, das diese Software verwenden wird, also auf das Beschaffungs- oder Einkaufsteam, und auf das Management, das grünes Licht für einen solchen Kauf gibt. In einem B2C-Kontext kann eine einzige Werbebotschaft ausreichen. Für einen B2B-Kontext benötigen Sie unterschiedliche Interaktionen und Botschaften, um die verschiedenen Positionen und Personen anzusprechen, die am Kauf beteiligt sind.

Das Gleiche gilt, wenn Sie technische Produkte oder Dienstleistungen verkaufen. Am Einkauf sind oft Entscheiderinnen und Entscheider aus der Entwicklung, dem Einkauf und Management beteiligt. Auch wenn der Einkauf am Ende des Einkaufsprozesses einen hohen Einfluss hat, sind es die vorgelagerten Personen, die die Spezifikationen festlegen. Der Einkauf wird zu einem späteren Zeitpunkt des Einkaufsprozesses ins Boot geholt und stellt dann auf Basis der Spezifikationen Fragen zur Verfügbarkeit und zum Preis. Er wird ebenfalls versuchen, Angebote vom Wettbewerb einzuholen.

Als Verkäuferin oder Verkäufer im technischen Vertrieb ist es daher unerlässlich, frühzeitig mit allen relevanten Personen in Kontakt zu treten. Sie sollten als kompetenter Ansprechpartner an deren Entscheidungen über Projekte beteiligt sein. Sie können soziale Medien wie LinkedIn nutzen, um diese Personen zu identifizieren. Exzellente Social Seller sind mit allen relevanten Personen verbunden und verfolgen, was diese veröffentlichen. Diese Veröffentlichungen können als Ausgangspunkt für ein Gespräch dienen.

Darüber hinaus sollten sie im Verkauf über die neuesten Trends in der Branche Bescheid wissen. Sie müssen die Veröffentlichungen Ihrer Kundschaft und deren Konkurrenz ständig im Auge behalten. Ein Einstieg für ein Gespräch kann zum Beispiel ein neues Produkt des Kunden sowie ein neuer Markttrend sein.

Ein weiteres Unterscheidungsmerkmal des B2B-Verkaufszyklus ist, dass dieser in der Regel länger ist als der B2C-Verkaufszyklus. Dieses Verständnis sollte Ihnen helfen, relevante Informationen für alle an der Kaufentscheidung Beteiligten über einen gewissen Zeitraum bereitzustellen. Die Kenntnis des Zyklus hilft Ihnen, herauszufinden, welche Informationen Sie Ihrer Zielgruppe in jeder Phase des Prozesses zur Verfügung stellen sollten.

Sich auf eine schnelle Entscheidung alleine zu konzentrieren, ist fast immer unmöglich, da zumeist die beteiligte Person keine Entscheidungsgewalt über das Budget hat. Zumindest muss eine zweite Person die Entscheidung mittragen (Vier-Augen-Prinzip). Dies führt zu dem Konzept der Buyer's oder Customer Journey (Kundenreise; Zyklen bis zur Kaufentscheidung) für Ihre Branche. Auch wenn die Besonderheiten unterschiedlich sein können, hat eine typische Customer Journey die folgenden fünf Phasen: Awareness (Aufmerksamkeit), Consideration (Abwägung), Purchase (Kaufentscheidung), Retention (Erfahrungswerte) und Advocacy (Teilen der Erfahrungswerte).

Der Prozess ist im Wesentlichen für alle Unternehmen derselbe. Der wichtigste Unterschied bezüglich eines B2C- und eines B2B-Unternehmens besteht darin, dass sich der Prozess in einem B2B-Kontext an mehrere Personen richtet, die alle ein Mitspracherecht beim Kauf haben. In einem B2C-Verkaufskontext zielt der Prozess auf eine Person ab und bewegt diese eine Person „durch die Reise". Der B2B-Verkaufende konzentriert sich darauf, mehrere Personen durch unterschiedliche Inhalte davon zu überzeugen und zu Fürsprecherinnen und Fürsprechern zu machen.

Diese Fakten sollten Sie kennen, um den Verkauf beeinflussen zu können. Dazu müssen Sie die Dynamik, die im Spiel ist, und die verschiedenen beteiligten Personen verstehen. Wird diese Voraussetzung nicht verfüllt, werden Ihre Social-Selling-Bemühungen kaum erfolgreich sein.

Wenn Sie alles berücksichtigen, was wir bisher besprochen haben, wissen Sie, dass Social Selling viel Aufmerksamkeit und die Erstellung von strategischen Inhalten erfordert.

Wir kommen nun auf die digitale Transformation zu sprechen und wie Sie diese für Ihre Vertriebsaktivitäten nutzen können.

Kapitel 1: Die digitale Transformation

Die Weltwirtschaft hat sich durch neue Technologien und das Internet grundlegend verändert. Mit Ausnahme einiger weniger abgelegener Gebiete auf der Welt haben das Internet und die Nutzung sozialer Medien für die Kommunikation und Interaktion sowie Big Data so schnell an Bedeutung gewonnen, dass sie die Art, wie wir leben, verändert haben.

Auch die Form, wie Unternehmen Geschäfte machen, hat sich verändert. Viele von ihnen haben die digitale Transformation in ihre Unternehmenskultur integriert und nutzen innovative Technologien, um ihren Kunden einen Mehrwert zu bieten und neue Kunden zu erreichen. Sie ersetzen manuelle Prozesse und sogar ältere digitale Technologien durch immer neuere digitale Technologien.

Diese Entwicklungen sind unvermeidlich und sichtbar. Und doch wissen so viele Menschen und Unternehmen nicht, was sie mit der Digitalisierung, die um sie herum stattfindet, anfangen sollen. Dies ist jedoch entscheidend, vor allem für diejenigen, die im Marketing und Vertrieb eines Unternehmens tätig sind. Während in der Produktion die Digitalisierung schon weit vorangeschritten ist (Industrie 4.0), haben viele Unternehmen die digitale Transformation noch nicht in ihre Vertriebs- und Marketingprozesse aufgenommen.

Während diese Entwicklungen im B2C-Bereich weiter fortgeschritten sind und sich dort starke Player wie Amazon etabliert haben, ist der Vertrieb im B2B-Bereich oft noch weniger digitalisiert. Viele Unternehmen haben noch nicht einmal einen eigenen Webshop. In letzter Zeit (nach der ersten Welle der Coronapandemie) haben die Firmenverantwortlichen die Bedeutung der Digitalisierung erkannt und bemühen sich, digital(er) zu werden.

Um sich in der digitalen Welt des Vertriebs, in die sich manche Unternehmen erst jetzt wagen, richtig zurechtzufinden, müssen sie einige Dinge über ihre potenziellen Kunden, die Konkurrenz und darüber, wie die Digitalisierung alles verändert hat, verstehen.

Der informierte Kunde: Wie die Digitalisierung die Kundenbedürfnisse verändert

Die Technologien und das Internet wirken auf die Verbraucher genauso ein wie die Unternehmen. Im Hinblick auf den Vertrieb ist der Kaufprozess einer der Bereiche, den die Digitalisierung dramatisch beeinflusst hat. Dies gilt gleichermaßen für die B2B- und B2C-Kundschaft. Diese erwartet heute mehr denn je eine umfassende und sofortige Verfügbarkeit von Produkten und Kundenservice. Sie will, dass ihre Bedürfnisse (und Wünsche) so schnell wie möglich erfüllt werden, unabhängig von der Tageszeit. Im B2B Kontext bedeutet dies, dass die Personen im Buying Center eine schnelle Antwort auf ihre technischen und kaufmännischen Fragen erwarten.

In der Vergangenheit war die Kommunikationsstrategie die Vertriebsmitarbeiterinnen und Vertriebsmitarbeiter im Außendienst mit der Informationsweitergabe zu beauftragen. Dies war ein kritischer Teil des B2B-Vertriebs. Der Außendienst war fast die einzige Quelle für Interessenten und Kunden bezüglich der Informationsbeschaffung, dazu kamen nur noch die kommerziellen Anzeigen und Broschüren.

Heute ist das anders. Bevor sie eine Kaufentscheidung treffen, sehen sich die Geschäftskunden die angebotenen Produkte und Dienstleistungen im Internet an und vergleichen diese mit dem Wettbewerb. Anders ausgedrückt: Ihre Kunden kommen nicht mehr so unwissend zu Ihnen, wie sie es früher taten. Sie haben sich bereits eine Meinung über das ideale Produkt und die ideale Dienstleistung gebildet. Sie recherchieren vorher zu Ihrem Produkt. Eine einfache Suche auf Google reicht manchmal schon aus, um ihnen die nötigen Informationen zu liefern. Dies gilt umso mehr für B2B-Kunden, die aus einem Team von Entscheiderinnen und Entscheidern bestehen. Diese ermitteln die besten Unternehmen und Produkte, um sicherzustellen, dass sie die besten Investitionsentscheidungen im Sinne des Unternehmens und des Teams, das es nutzen wird, treffen. Eine falsche Empfehlung für einen Lieferanten hat zwar kaum persönliche Konsequenzen, kann aber die eigene Karriere im Unternehmen nachhaltig und negativ beeinflussen. Daher achten alle Beteiligten im Buying darauf, die für sie optimale Entscheidung herbeizuführen. Die Motive sind oft sehr unterschiedlich. Für die Fertigungsleiterin kann eine einfache Montage entscheidend sein, während der Einkäufer mehr am Preis interessiert ist.

Die Konsumenten werden nicht mehr nur von dem beeinflusst, was Ihr Unternehmen herausgibt. Sie werden auch davon beeinflusst, was andere sagen. Dies ist einer der wichtigsten Gründe, warum Sie sich mit Social Listening beschäftigen müssen.

Die Kunden informieren sich nicht nur über das Internet, sie reden auch mit vielen Ansprechpartnern im Unternehmen. Daher ist eine einheitliche und konsistente Vorgehensweise an (und zu) allen möglichen Kontaktpunkten unerlässlich. Das wirft die Frage auf, welchen Mehrwert der Vertrieb letztlich bieten kann.

Neuer Wettbewerb: Was Rundum-Verfügbarkeit und Vergleichbarkeit von Produkten für eine erfolgreiche Positionierung am Markt bedeuten

Das Internet gibt Ihren Interessenten und Kunden nicht nur die Möglichkeit, sich über Ihre Produkte zu informieren, bevor sie sich mit Ihnen treffen oder bei Ihnen kaufen, sondern es gibt ihnen auch die Möglichkeit, Produkte von vielen anderen Wettbewerbern zu vergleichen. Das Internet macht diese Informationen für jeden leicht zugänglich.

Während Sie früher vielleicht nur sehr wenig Konkurrenz in einem bestimmten Gebiet hatten, ist mit dem Internet die Anzahl der Wettbewerber sehr stark gestiegen. Die Menschen bestellen ständig Produkte und Dienstleistungen aus dem Ausland, obwohl es in ihrer Umgebung Unternehmen gibt, die die gleichen Produkte und Dienstleistungen anbieten.

In diesem Sinne ist bei der Wahl von Lieferanten nicht mehr allein der Preis und die Verfügbarkeit das wichtigste Unterscheidungsmerkmal im Wettbewerb. Stattdessen werden die wahrgenommene Kompetenz und die Persönlichkeit immer entscheidender. Wichtig sind Ihre Erreichbarkeit, Ihre Dienstleistungen, Ihr Kundenservice, Ihr Interesse sowie viele weitere Faktoren, die nicht direkt mit dem Produkt oder dem Verkauf zusammenhängen. Der Vertrieb wird damit zum entscheidenden Wettbewerbsvorteil, wenn er seine Chance nutzt. Gerade wenn Sie verschiedene Ansprechpartner mit verschiedenen Interessen und Kaufmotiven haben, können Sie durch die individuelle Ansprache den entscheidenden Unterschied zum Angebot der Wettbewerber ausmachen.

Nutzen Sie das Internet, um Ihre Zielgruppe zu recherchieren und zu erreichen. Finden Sie heraus, wer sie ist, was sie wirklich interessiert, warum sie kauft und jede andere Information, die Sie bekommen können. So können Sie eine Beziehung zu ihrer Zielgruppe beginnen und ausbauen.

Vertrieb 4.0: Welche Chancen bietet die Digitalisierung dem Vertrieb?

Für Unternehmen wird es immer schwieriger, ihre potenziellen Kunden vollständig zu beeinflussen, da das Internet das Spektrum des Wettbewerbs erweitert hat. Dies ist ein Risiko für den Vertrieb (zumindest für die traditionelle Art des Verkaufs).

Ja, die Digitalisierung ist eine Bedrohung für die herkömmliche Art, Produkte und Services zu verkaufen. Das traditionelle Messegeschäft zum Beispiel verliert durch viele Faktoren, unter anderem durch die Pandemie, an Bedeutung. Allerdings bietet die Digitalisierung auch enorme Chancen für Sie im Vertrieb. Die Chance heißt: gezielte Vernetzung, Kundenansprache und Beziehungsaufbau über soziale Medien – Social Selling. Es ermöglicht erfahrenen und sachkundigen Verkäuferinnen und Verkäufern, sichtbar zu werden und mit den Kunden zu interagieren.

Früher wurden die Inhalte von der Marketingabteilung in Form von Broschüren erstellt, welche die Verkäuferinnen und Verkäufer zu den Kunden brachten und an deren Schreibtischen ablegten oder auf Messen verteilten. Jetzt müssen sie etwas über Marketing lernen, um ihre Produkte zu vermarkten. Aber noch wichtiger ist, dass sie Marketing so anwenden müssen, dass sie eine persönliche Marke aufbauen können.

Wir werden folgend die soziale Plattform erkunden, die für die Durchführung von Social Selling im Fokus steht – LinkedIn.

Kapitel 2: LinkedIn – und wie es sich von anderen sozialen Netzwerken unterscheidet

Mit dem Siegeszug von sozialen Netzwerken wie MySpace und später Facebook, Instagram und weiteren rücken auch Karrierenetzwerke weiter in die Öffentlichkeit. Doch Karrierenetzwerke sind viel älter. LinkedIn wurde bereits 2002 gegründet, ist aber erst seit wenigen Jahren fest im allgemeinen Bewusstsein in Deutschland verankert.

In Deutschland gibt es zwei relevante Plattformen für Social Selling. Diese sind LinkedIn und XING.

XING™ mit Sitz in Hamburg bietet vor allem für Geschäftsnetzwerke mit Fokus auf den deutschsprachigen Raum eine Plattform. Laut Statista (1) verzeichnete das Online-Karrierenetzwerk im zweiten Quartal 2020 19,5 Millionen Nutzer in der DACH-Region. LinkedIn wurde 2020 von 15 Millionen Menschen im DACH-Raum und von 706 Millionen weltweit genutzt. Viele Firmen im B2B-Bereich sind international ausgerichtet und haben Kunden weltweit. Aus diesem Grund ist für sie aus meiner Sicht LinkedIn die richtige Plattform. Entsprechend habe ich mich in diesem Buch auf LinkedIn fokussiert.

LinkedIn ist eine vollwertige Social-Media-Plattform, die stark auf Inhalte ausgerichtet ist. Im Gegensatz zu den anderen Social-Media-Plattformen hat sie eine einzigartige Zielgruppe – Fach- und Führungskräfte. Dieser Faktor macht sie zur perfekten Karriereplattform und zu Ihrer Zielplattform für den B2B-Verkauf.

Berufstätige registrieren sich auf der Plattform und geben die Informationen an, die sich wie ein Lebenslauf lesen lassen, von der Schulbildung über berufliche Stationen bis hin zu besonderen Fähigkeiten und Interessen. Die Idee ist einfach: Die Nutzenden machen so den Personalverantwortlichen und Recruitern ihre Laufbahn zugänglich, die auf einen Blick sehen können, welche Qualifikationen wer hat. Viele Menschen nutzen LinkedIn jedoch nicht bewusst und strategisch. Sie haben nur ein Konto, weil „man das heutzutage so macht". Das spiegelt sich oft direkt in der Qualität der Profile wider.

Nachdem Sie sich im Netzwerk registriert haben, können andere Personen Ihr Profil sehen. Sie können damit beginnen, Verbindungen mit anderen auf der Plattform herzustellen. Wenn Sie die Verknüpfung erfolgreich erzeugt haben, können Sie die Person direkt kontaktieren.

Das Herzstück des Karrierenetzwerks für Sie als B2B-Verkäuferin oder Verkäufer ist der Feed. Der Feed ist eine Übersicht über die Inhalte, die Ihre Kontakte (und buchstäblich jeder im Netzwerk) in ihren Timelines veröffentlicht haben. Zu den Inhalten gehören Fotos, Videos und Texte. Das können Werbevideos der Unternehmen sein, Bilder von einer Veranstaltung oder persönliche Gedanken zu einem Thema (in Textform). Die folgende Abbildung 1 veranschaulicht einen Feed mit meinen Inhalten.

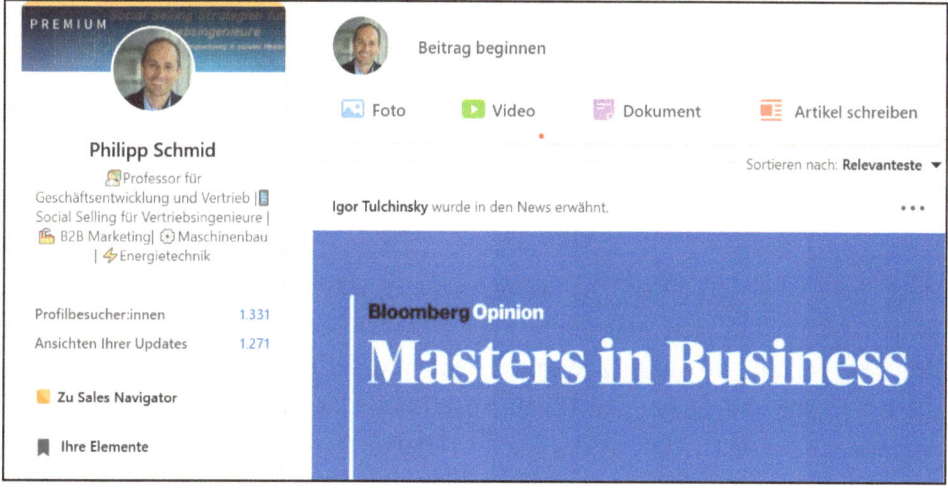

Abb. 1: Feed von LinkedIn

Aber nicht jeder Beitrag von jedem Kontakt wird angezeigt. Einige Algorithmen entscheiden, welche Inhalte für die Betrachtenden relevant sein könnten. Wenn Sie Reichweite aufbauen wollen, indem Sie Inhalte veröffentlichen, ist es sehr wichtig, den Algorithmus zu verstehen. Er bestimmt, wie Sie Ihre Inhalte gestalten müssen, um als relevant zu gelten.

Für Selbstständige und Unternehmen werden Karrierenetzwerke aber erst dann interessant, wenn sie Personen aus dem Buying Center des Kunden oder potentiellen Kunden identifizieren und kontaktieren können. Diese Kontakte sind wertvoll – und darin liegen Ihre Chancen.

Die Älteren unter uns erinnern sich sicher noch daran, wie geschäftliche und berufliche Kontakte funktionieren. Bis Ende der 1980er-Jahre haben einige Verlage ihr Geld mit Adressbüchern für verschiedene Branchen verdient. Das ganze Messegeschäft lebte praktisch von der Möglichkeit, wertvolle Kontakte zu knüpfen. Genau dieses Geschäft verlagern Plattformen wie LinkedIn in die digitale Welt.

Auf LinkedIn können Sie für jedes Unternehmen, das Sie ansprechen möchten, relevante Kontakte identifizieren und sich mit diesen verbinden. Die zeitaufwändige Anbahnung über Messen und andere traditionelle Kanäle rückt damit zunehmend in den Hintergrund. Mit LinkedIn ist jeder Kontakt theoretisch nur eine Nachricht entfernt.

Inhalte und Content Marketing auf LinkedIn

LinkedIn ist inhaltsorientiert. Die Plattform bietet viele verschiedene Formate zum Teilen von Inhalten. Der Algorithmus von LinkedIn sorgt dafür, dass Ihre Inhalte Ihren Kontakten und vielen anderen Personen angezeigt werden, sofern sie für diese relevant sind. So können Sie mit kostenlosen Veröffentlichungen (Postings) eine organische Reichweite auf LinkedIn aufbauen. Organisch bedeutet: Sie zahlen nicht dafür, dass Ihre Beiträge anderen angezeigt werden.

Allerdings ist es kein einfacher Selbstläufer. Das Erstellen von Inhalten, die LinkedIn für relevant hält und anderen anzeigt, ist eine Kunst für sich. Mehr darüber können Sie in Kapitel 6 lesen.

Bezahlte Werbung

Unabhängig davon, ob Sie LinkedIn kostenlos nutzen oder ein Premium-Konto haben, bietet die Plattform die Möglichkeit, Ihr Profil oder bestimmte Inhalte gegen eine Gebühr zu bewerben. Das Anzeigensystem ist ähnlich wie bei bekannten Netzwerken wie Google Ads oder Facebook Ads aufgebaut.

Sie gestalten eine Anzeige und legen den maximalen Preis fest, den Sie bereit sind, für die Anzeige zu zahlen. Sie konkurrieren mit anderen Werbetreibenden um den besten Anzeigenplatz. Angesichts der Relevanz der Zielgruppe sind LinkedIn-Anzeigen im Vergleich zu anderen Anzeigen kostspielig.

Premium-Merkmale

Neben den kostenlosen (Basis-)Funktionen bietet LinkedIn ein Premium-Modell. Das Premium-Modell erweitert den Funktionsumfang (teilweise) massiv. Sie werden nicht alle Funktionen im Premium-Modell für Ihr Social Selling benötigen. Im Folgenden finden Sie einige der Funktionen, die Sie beanspruchen sollten.

1. InMail (Schreiben von Nachrichten an Nicht-Kontakte),
2. Uneingeschränkte Personensuche,
3. Profilbesucher anzeigen.

Aufgrund der Möglichkeit, anderen LinkedIn-Mitgliedern Nachrichten zu senden, ohne sich vorher mit ihnen zu verbinden, ist eine Premium-Mitgliedschaft auf lange Sicht fast immer sinnvoll. Für den Anfang reicht jedoch ein kostenloses Basis-Konto aus, damit Sie sich mit der Plattform vertraut machen und organische Reichweite aufbauen können.

Sie müssen damit beginnen, ein professionelles Profil zu erstellen, falls Sie noch keines haben, oder Ihr Profil zu optimieren, falls Sie bereits eines haben. Dieses Profil dient als Grundlage für Ihre Verkaufsaktivitäten. Wir werden in Kapitel 5 die Details dazu besprechen.

Kapitel 3: Die fünf Stufen des Social Selling

Eine einfache Suche nach „Wie baue ich ein großes LinkedIn-Netzwerk auf?" in Ihrer Lieblingssuchmaschine oder in LinkedIn-Foren wird Tausende oder sogar Millionen Ergebnisse liefern. Die meisten werden aus Leuten bestehen, die Ihnen Tricks und Software zum Aufbau eines großen LinkedIn-Netzwerks anbieten; jeder von ihnen verspricht den schnellen Erfolg mit Geld. Im Endeffekt sind sie alle Ihrem Erfolg (auf lange Sicht) abträglich.

Um langfristig Erfolg zu haben, brauchen Sie keine Tricks und Software. Sie brauchen ein Konzept mit einer Strategie und einem Umsetzungsplan für Ihr Social Selling. Dieses besteht aus fünf Stufen, die ich im Folgenden aufführe.

1. Konzept
2. Kompetenz
3. Kontakte
4. Konsistenz
5. Konstanz

Diese fünf Stufen bilden den Rahmen für Ihren Erfolg beim Aufbau eines großen Netzwerks auf LinkedIn und beim Social Selling. Die folgenden Kapitel konzentrieren sich jeweils auf eine dieser Stufen.

Der erste Teil einer jeden Marketing- und Vertriebsstrategie ist die Definition Ihrer Vertriebs- und Marketingziele. Dazu gehören das Produkt/die Dienstleistung, die Sie verkaufen möchten, die zu verkaufenden Einheiten, die Zielgruppe, an die Sie verkaufen möchten, und die Art, wie Sie verkaufen wollen. Darum geht es beim ersten „K" des Social Selling, dem Konzept.

Damit das Social Selling funktioniert, sollten Sie ein **Konzept** haben, das Ihre Verkaufsziele und Ihre Zielpersona klar definiert. Die Fachleute auf LinkedIn umfassen verschiedene Branchen. Sie verkaufen wahrscheinlich kein Produkt, das jede Branche braucht. Und selbst wenn Sie das tun, ist nicht jedes Mitglied auf

LinkedIn in der richtigen Position, eine Kaufentscheidung zu treffen, also sind nicht alle Ihr Ziel. Sie müssen sich auf Ihr Zielpublikum konzentrieren.

Das zweite „K" des Social Selling steht für Ihre **Kompetenz**. Die Kompetenz umfasst alles, was Sie tun (werden), um sich als Person mit Expertise zu positionieren. Es umfasst auch die Definition des Wertes, den Sie Ihrer Kundschaft bringen. Einiges davon wird in Ihrem Profil erreicht, siehe Kapitel 5, Branding. Andere Teile davon werden durch den Inhalt erreicht, den Sie veröffentlichen, dazu erfahren Sie mehr in Kapitel 7, Content-Marketing.

Um mit Social Selling erfolgreich zu sein, brauchen Sie Menschen, an die Sie verkaufen können. Das ist das dritte „K" des Social Selling – **Kontakte**. Das Kapitel 6 über Kontakte befasst sich damit, wie Sie sich mit neuen Kontakten verbinden und neue gewinnen können.

Konsistenz ist das vierte „K" des Social Selling und befasst sich mit dem konsistenten Teilen relevanter Inhalte mit Ihren Kontakten und Ihrer Zielgruppe.

Konstanz ist das letzte „K". Im Kontext von Social Selling bedeutet Konstanz, dass Sie da sind, um mit Ihren Kontakten (dem Publikum) zu kommunizieren und sich zu engagieren. Es reicht nicht aus, ständig relevante Inhalte zu posten; Sie müssen auf die Beiträge Ihrer Kontakte eingehen und auf Nachrichten und Kommentare zu Ihren Beiträgen antworten. Bleiben Sie am Ball.

Abb. 2. Die fünf „K" des Social Selling von Philipp Schmid, illustriert von Karina Stolz

Bevor wir jeden der fünf Teile untersuchen, die zum Erfolg von Social Selling und zum Aufbau eines umfangreichen Netzwerks auf LinkedIn beitragen, lassen Sie uns einen Blick darauf werfen, was Social Selling ist und warum Sie damit beginnen sollten, wenn Sie es noch nicht getan haben.

Was ist Social Selling?

Beim Social Selling geht es darum, neue Interessenten für Ihr Unternehmen zu finden und mit ihnen über die sozialen Medien (und andere digitale Plattformen) in Kontakt zu treten. Es ermöglicht Verkäuferinnen und Verkäufern, ihre Zielgruppe zu finden, sich mit ihr zu vernetzen und eine Beziehung zu ihr aufzubauen, sie zu pflegen, die Verkäufe zu tätigen und ihre Kunden zu Markenbotschaftern oder Befürwortern zu machen. Der Aufbau einer langfristigen Beziehung steht dabei im Vordergrund.

Es geht darum, einen Mehrwert für Ihre Zielgruppe zu schaffen, Lösungen für ihre Probleme zu bieten, Vertrauen zu ihnen aufzubauen und sich mit ihnen zu beschäftigen, um die Beziehung weiter zu vertiefen. Der Beziehungsaufbau steht im Vordergrund, dann erst wird der Verkauf angestrebt.

Was Social Selling nicht ist

Social Selling ist nicht dasselbe wie das Versenden von unpersönlichen E-Mails oder das Schalten von endlosen Onlinewerbungen in der Hoffnung, dass irgendjemand Ihre Produkte kauft. Ein wichtiger Unterschied zwischen Social Selling und anderen Formen des Marketings ist, dass sich andere Marketingformen darauf konzentrieren, möglichst viele Menschen mit Werbung zu erreichen und mit den Kaufinteressierten Abschlüsse zu tätigen.

Social Selling hingegen konzentriert sich auf eine Zielgruppe von Menschen im Buying Center und pflegt diese Beziehungen, bis sie bereit sind, zu kaufen. Es geht darum, die Beteiligten im Buying Center im Kaufprozess zu begleiten. Das Schlüsselwort ist „**NURTURE**" (Pflege). Social Selling nimmt eine Zielperson, unabhängig davon, wo sie sich in der Customer Journey befindet, und bewegt sie systematisch von einem der Marke oder dem Produkt gegenüber Fremden (sie kennt die Marke oder das Produkt nicht) zu einem Befürworter der Marke, oder des Produktes, da sie bzw. es dieser Zielperson einen Mehrwert bietet. Und ja, die Personen im Unternehmen werden sich in diesem Prozess für Ihr Produkt entscheiden. Daher ist es unabdingbar, Beziehungen zu verschiedenen Personen im Unternehmen aufzubauen.

Warum sollten Sie Social Selling verwenden?

Die kurze und beste Antwort auf diese Frage ist diese: Um Ihre Produkte und Dienstleistungen zu verkaufen!

Lassen Sie uns darauf näher eingehen.

Traditionelle Werbemodelle verlieren schnell ihre Wirksamkeit. Die Menschen werden täglich mit tausendfacher Werbung bombardiert; sie werden werberesistent, so wie ein Bakterienstamm gegen bestimmte Antibiotika resistent wird.

Wenn Sie den traditionellen Marketingweg gehen, werden Ihre Anzeigen in einem Meer von anderen verloren gehen. Noch wichtiger ist, dass Sie nicht so viele Kundeninteraktionen haben werden, wie Sie brauchen – etwas, das der Schlüssel zum erfolgreichen Verkauf im B2B-Kontext ist. Zweitens: Die meisten Menschen werden gar nicht reagieren. Wenn Sie immer noch denken: „Na ja, unsere Firma hat viel Geld ausgegeben. Unsere Anzeigen werden bemerkt werden", dann möchte ich Sie dringend bitten, noch einmal nachzudenken. Haben Sie sich die Statistiken Ihrer letzten Google- oder Facebook-Anzeigen angesehen? Ist Ihnen der Unterschied zwischen den Impressionen und der tatsächlichen Anzahl an Klicks aufgefallen? Wie sieht es mit dem Unterschied zwischen der Impression und der Anzahl der Verkäufe aus?

Vergessen Sie nicht, dass bei diesen Werbemodellen pro Klick oder Impression abgerechnet wird. Allerdings werden nicht alle kaufen, die Ihre Anzeigen sehen oder anklicken. Social Selling scheint vielleicht etwas länger zu dauern, aber die Konversionsraten sind viel höher, wenn Sie es richtig machen.

HINWEIS: B2B-Märkte können sehr enge Nischen aufweisen, daher ist es völlig in Ordnung, eine kleine Anzahl von Kontakten zu haben, die Sie ansprechen können. Sie müssen nur sicherstellen, dass diese Kontakte die richtigen sind.

Abgesehen von den Anzeigen, die Sie möglicherweise schalten, bietet Ihnen das Social Selling ungeahnte Möglichkeiten zur Interaktion und zum Aufbau von Beziehungen mit Kunden und Interessenten. So können Sie Ihre Käufer von Anfang an pflegen. Das Erste, was diese erkennen, ist nicht das, was Sie ihnen verkaufen wollen, sondern der Wert, den Sie ihnen bieten können.

Zudem treffen laut IDC einem amerikanischen Marktforschungs- und Beratungsunternehmen etwa 75 Prozent der Menschen Kaufentscheidungen über soziale Medien (2). Das bedeutet, dass die meisten Ihrer Käufer in den sozialen

Medien nach Ihrem Produkt suchen, während Sie noch draußen auf traditionelle Art und Weise Verkäufe tätigen und Marketing betreiben.

Mit anderen Worten: Wenn Sie kein Social Selling betreiben, verlieren Sie Ihren Handel an Ihre Konkurrenz und werden bald aus dem Geschäft sein.

In den folgenden Kapiteln gehe ich auf jede der fünf Stufen des Social Selling ein und zeige Ihnen die konkret, wie Sie diese in Ihrem Unternehmen anwenden können. Dann haben Sie einen Rahmen (oder eine Checkliste), dem Sie bei Ihren Social-Selling-Bemühungen folgen können, und gute Gründe, warum Sie noch heute damit beginnen sollten.

Kapitel 4: Vom Konzept zum Erfolg – wie Sie Ziele setzen, Ihre Zielperson finden und KPIs definieren

„Wenn man nicht weiß, wohin man geht, sollte man sich nicht wundern, wenn man irgendwo anders landet." (Mark Twain)

Wir haben bereits gute Arbeit geleistet und den Grundstein für Ihren Social-Selling-Erfolg auf LinkedIn gelegt. Jetzt ist es an der Zeit, Ihre Social-Selling-Strategie zu entwickeln. Zu Beginn müssen Sie eine Bestandsaufnahme Ihrer aktuellen Social-Selling-Aktivitäten und Ihrer Position auf der Plattform machen. LinkedIn hat dafür ein perfektes Tool, den Social-Selling-Index (SSI). Folgen Sie diesem Link: www.LinkedIn.com/sales/ssi, um ihn zu finden.

Um zu verstehen, welche Erfolge Sie schon erreicht haben und was Sie tun sollten, wenn Sie sich Ihren SSI ansehen, müssen Sie den Social-Selling-Index verstehen.

Was ist der Social-Selling-Index?

Der SSI ist eine LinkedIn-Metrik, welche die Social-Selling-Fähigkeiten und die Ausführung des LinkedIn Mitglieds misst (3). Er misst die Social-Selling-Aktivitäten einer Person und stuft sie im Vergleich zu anderen Verkäufern auf LinkedIn ein.

Es gibt vier entscheidende soziale Aktivitäten, die LinkedIn berücksichtigt, die laut der Plattform die „Vier Säulen des Social Selling" genannt werden. Sie umfassen:

1. Ihre professionelle Marke aufbauen.
2. Gezielt die richtigen Personen finden.
3. Durch Einblicke Interesse wecken.
4. Beziehungen aufbauen.

Innerhalb jeder dieser Säulen gibt es weitere Aktivitäten, die Sie gewissenhaft ausführen müssen, um eine gute Punktzahl zu erhalten. Wir werden diese Aktivitäten im weiteren Verlauf dieses Buches behandeln.

Ihre Social-Selling-Strategie beginnt damit, zu verstehen, wie Sie einen hohen Wert erreichen. Sie müssen wissen, was Sie tun müssen, um sich in den Bereichen zu verbessern, in denen Sie Defizite haben. Es ist ratsam, sich die Profile von Konkurrenten und Kollegen anzusehen. Auch die Profile von Vorgesetzten und Mitgliedern der Geschäftsführung geben einen Einblick, wie sie LinkedIn gezielt nutzen können.

Wenn Sie eine Bestandsaufnahme Ihres Social-Selling-Index gemacht haben, Ihren aktuellen Stand kennen und wissen, wo Sie sich verbessern müssen, sind Sie bereit für den nächsten Schritt – die Analyse Ihrer Ziele. An diesem Punkt ist es an der Zeit, sich zu fragen: „Was will ich mit meinen Aktivitäten hier erreichen? Geht es um die Vernetzung mit bestimmten Kunden? Geht es darum, neue Kunden zu gewinnen? Was will ich überhaupt?"

Um ein vollständiges Bild davon zu bekommen, was Sie mit Ihren Aktivitäten auf LinkedIn erreichen sollten, sollten Sie sich Ihre persönlichen Ziele ansehen. Werfen Sie zum Beispiel einen Blick auf Ihre Jahresziele. Dazu sollten die Anzahl der Kundentermine, die Anzahl der Neukundengeschäfte und mehr gehören. Sie sollten so konkret wie möglich sein, denn Social Selling kann Ihnen helfen, all diese Ziele zu erreichen, aber nur, wenn Sie sich darüber im Klaren sind.

Bezüglich Ihrer Jahresziele sollten Sie sich mit Ihren Vorgesetzten besprechen, falls Sie das nicht schon getan haben. Ihre persönlichen Ziele auf LinkedIn müssen zu den Abteilungs- und Unternehmenszielen passen. Dann erhalten Sie auch die Unterstützung Ihrer Vorgesetzten. Ein persönliches Ziel könnte der Aufbau eines umfangreichen persönlichen Netzwerks sein, das Ihnen unabhängig vom Unternehmen, für das Sie arbeiten, nützlich sein kann. Ihnen kann es auch darum gehen, für Personalverantwortliche sichtbar zu werden, Ihren nächsten Wechsel zu einem anderen Unternehmen zu planen oder sich sogar selbstständig zu machen. Ein umfangreiches Netzwerk wird Ihnen unabhängig von Ihren Zielen gute Dienste leisten.

Nachdem Sie Ihre Ziele festgelegt haben, müssen Sie auch spezifische Key Performance Indicators (KPI, deutsch Leistungskennzahlen) für die Ziele definieren. Der SSI, über den ich bereits gesprochen habe, ist der erste mögliche

Key Performance Indicator, den Sie definieren sollten. Wie bereits erwähnt, zeigt er Ihnen Ihren aktuellen Stand und wie Sie im Vergleich zu anderen Mitgliedern aus derselben Branche dastehen. Ihr Ziel sollte sein, innerhalb von einem Monat oder zwei Monaten zu den besten ein bis fünf Prozent der Branche zu gehören.

Es ist entscheidend, sich Ziele zu setzen, die erreichbar, aber auch anspruchsvoll sind. Es wird Sie motivieren, wenn Sie einzelne Etappen des Ziels erreichen. Weitere Ziele könnte die Erreichung von fünf Kontakten bei dem Hauptkunden sein. Eine entsprechende Anzahl von Leads oder langfristige Verkaufsziele, die erreicht werden, helfen, die Motivation hoch zu halten.

Der dritte Schritt zu einer erfolgreichen Social-Selling-Strategie besteht in der Definition Ihrer Zielkundschaft ist. Sie müssen also analysieren und festlegen, wer Ihr Zielpublikum ist.

Da Sie im B2B-Bereich vermarkten und verkaufen, müssen Sie sich über die Berufsbezeichnungen der Personen im Klaren sein, die Sie in den Unternehmen ansprechen. Sie müssen mit diesen in Verbindung stehen und sie beeinflussen. Fragen Sie sich also: „Muss ich mit Einkäufern sprechen? Möchte ich mit den Entwicklungsleitern sprechen?" Natürlich sind auch die Entwicklungsteams relevant, die Ihr Produkt nutzen werden, also sollten Sie auch diese ansprechen. Generell sollten Sie einen hohen Grad an Kundendurchdringung anstreben. Mit anderen Worten: Sie sollten so viele relevante Kontakte wie möglich haben.

Hier ist eine Checkliste von den Punkten, die Ihre erfolgreiche Social-Selling-Strategie abdecken muss:

1. Ihr aktueller Stand, basierend auf Ihrem Social-Selling-Index, und wie Sie planen, zu den Top ein bis fünf Prozent zu gehören.

2. Ihre Social-Selling-Ziele, die klar definiert sein müssen.

3. So viele klar definierte Social-Selling-Kontakte wie nötig.

WICHTIG: Es gibt keine Abkürzung zum Erfolg. Ich wiederhole einen Punkt, den ich bereits im Abschnitt Haftungsausschluss erwähnt habe, für alle, die ihn vielleicht übersehen haben: Um das Beste aus LinkedIn herauszuholen, sollten Sie deren Richtlinien und Grundsätze respektieren, die Sie hier finden: https://www.LinkedIn.com/legal/professional-community-policies. Machen Sie sich mit den Richtlinien vertraut und versuchen Sie nicht, das System zu betrügen. Das wird Ihnen nur schaden. Seien Sie bei der Nutzung von LinkedIn sicher, vertrauenswürdig und professionell.

Im nächsten Kapitel widmen wir uns der ersten Stufe Ihres Social-Selling-Index und der zweiten Stufe Ihres Social Selling.

Kapitel 5: Personal Branding: Kompetenz richtig präsentieren

Das Erstellen einer professionellen Marke auf LinkedIn ist der erste Schritt zum Aufbau eines hohen SSI-Wertes, aber es ist die zweite Stufe des Social-Selling-Erfolgs. Wenn Sie die erste Stufe (die im letzten Kapitel behandelt wurde) richtig hinbekommen haben, verfügen Sie über die wichtigsten Grundlagen, die Sie für den Erfolg beim Branding benötigen.

Ihre professionelle Marke auf LinkedIn beginnt mit Ihrem Profil. Sie müssen Ihr Profil richtig gestalten. Hier scheitern bereits viele Menschen. Sie laden ein unprofessionelles Profilbild hoch und sagen sich, dass dies reichen würde. Aber das tut es nicht.

Sie müssen Ihr Bestes für Ihr Profil geben. Sie müssen durchdacht und strategisch vorgehen. Denken Sie daran, dass Sie Ihr Konto und Ihr Profil einrichten, um Kunden auf sich aufmerksam zu machen. Diese sollen sich ja mit Ihnen vernetzen. Danach müssen Sie diese Beziehungen pflegen, um später an sie zu verkaufen. Sie müssen sich als Profi positionieren, der sein Geld wert ist, bevor jemand in Erwägung zieht, sich mit Ihnen zu verbinden, geschweige denn, Ihnen überhaupt zuzuhören.

Betrachten Sie Ihr LinkedIn-Profil als Ihre Visitenkarte. Gestalten Sie es attraktiv genug, um Aufmerksamkeit zu erregen, und professionell genug, um in den Augen derer, die es besuchen, Vertrauen aufzubauen.

Folgende Aspekte sollten Sie dabei beachten.

1.   Fügen Sie ein professionelles Profilfoto hinzu.

Profile mit Fotos sehen attraktiver aus und erhalten mehr InMail-Antworten. Außerdem schaffen professionelle Fotos Vertrauen und sorgen dafür, dass sich Ihre Zielgruppe wohlfühlt. Denken Sie daran, dass alle Informationen, die die Menschen haben, bevor Sie sie kontaktieren, Ihr Foto und Ihre Profildetails sind.

Sie für ein gutes Foto bezahlen müssen, tun Sie es. Wenn Sie Freunde haben, die wissen, wie exzellente und professionelle Fotos mit der Kamera Ihres Handys gemacht werden, toll! Sie müssen kein Geld bezahlen, um ein gutes Foto zu bekommen.

2.   Fügen Sie ein professionelles Cover-Foto hinzu.

Belassen Sie es nicht beim Hochladen eines Profilfotos. Fügen Sie ein Cover-Foto in Ihre Profileinrichtung ein. Ihr Titelbild sollte von Ihrer Expertise und Ihrer Zielgruppe sprechen. Denken Sie auch daran, es einfach zu halten. In einigen Fällen möchten Sie vielleicht dafür sorgen, dass Sie Ihre Fachgebiete, die von Ihnen angebotenen Dienstleistungen und das, was Ihre Verbindungen von Ihnen zu erwarten haben, hervorheben – Ihr Werteversprechen. Wenn Sie sich mit einer Branche wie der Schifffahrt, der Automobilindustrie oder Ähnlichem beschäftigen, sollten Sie vielleicht ein Bild der Branche hinzufügen. Schiffe oder Windkraftanlagen sind gute Beispiele. Ihre Marketingabteilung hat wahrscheinlich gute Titelbilder, die Sie verwenden können, also fragen Sie sie. Ansonsten gibt es im Internet eine Vielzahl von Bildern, die sie frei verwenden können. Pexels.com oder unsplash.com sind eine Fundgrube für Bilder. Verwenden Sie keine Bilder, von denen Sie nicht die Freigabe zur Verwendung haben!

3.   Erstellen Sie eine Überschrift.

Die Überschrift muss Ihren Namen und die Position in Ihrem Unternehmen enthalten. Dann können Sie Ihre Nische erwähnen oder alles, was Ihrer Zielgruppe helfen könnte, Sie zu finden. Die Begriffe, die Sie in die Überschrift schreiben, funktionieren auch als Schlüsselwörter.

Vorsicht! Sie sollten Akronyme mit drei Buchstaben und interne Namen vermeiden, die nur Personen innerhalb Ihres Unternehmens kennen. Denken Sie daran: Sie sollten kundenzentriert sein, nicht unternehmenszentriert.

4. Verfassen Sie Ihre Beschreibung.

Die Beschreibung muss Ihre Erfahrung in Ihrer Nische sowie Ihre Kontaktdaten und Kompetenzen, mit denen Sie Ihrem Publikum helfen können, enthalten. Diese Details können Ihren potenziellen Interessenten helfen, Ihr Profil über die LinkedIn-Suche zu finden, und sie dazu animieren, Sie zu kontaktieren.

Ihr Ziel bei der Beschreibung sollte sein, allen Besuchenden klar zu zeigen, über welche Themen diese sich mit Ihnen austauschen können. Dies ist entscheidend, denn Sie müssen Ihr Profil so einrichten, dass die Leute auch zu Ihnen kommen, statt dass Sie immer zu ihnen gehen.

Während es sich bei den oben genannten Punkten um die wichtigsten Bereiche handelt, an denen Sie arbeiten müssen, sollten Sie weitere kleinere Einstellungen und Optimierungen vornehmen, um sicherzustellen, dass Ihr Profil vollständig für Ihre Social-Selling-Aktivitäten optimiert ist.

Ein Beispiel für ein vollständiges Profil zeigt Abbildung 3.

Abb. 3: Profilbild

Einige davon sind:

a.   Kürzen Sie Ihre URL und tragen Sie die gekürzte Version in Ihre Visitenkarte ein.

b.   Machen Sie Ihr Profil öffentlich.

c.   Aktualisieren Sie Ihre Kontaktinformationen und ändern Sie die Adresse, die E-Mail-Adresse und die Telefonnummer in den Geschäftsdaten so um, wie sie auf Ihrer Visitenkarte erscheinen. Ändern Sie die Daten jetzt, wenn Sie es nicht bei der Registrierung Ihres Kontos bereits getan haben. Dies ist ein wichtiger Schritt. So erhalten Sie keine Anrufe auf Ihre persönliche Nummer und keine E-Mails an Ihre private E-Mail-Adresse. Die Verwendung einer privaten E-Mail-Adresse, zum Beispiel Ihre Gmail-Adresse, wirkt unprofessionell. Sie wollen professionell erscheinen.

d.   Bearbeiten Sie den Abschnitt „Über mich/Info". Sie können dazu Texte von der Unternehmenswebsite als Inspiration verwenden. Nehmen Sie nur den Inhalt, der für Ihre Zielgruppe relevant ist. Wenn Sie Text von der Website Ihres Unternehmens als Inspiration verwenden, stellen Sie sicher, dass Sie ihn personalisieren. Schreiben Sie, welchen persönlichen Beitrag sie für Ihre Kunden leisten. Sie können beliebig viele aufzählen, beispielsweise eine technische Beratung.

e.   Ergänzen Sie den Abschnitt „Erfahrung": Nennen Sie relevante Punkte. Geben Sie an, was Sie tun. Wenn Sie sich an Recruiter wenden, füllen Sie so viele Punkte wie möglich aus. Wenn Sie sich als Person mit Expertise positionieren, achten Sie darauf, dass wichtige Punkte aus Ihrer früheren Laufbahn, die für Ihre aktuelle Position relevant sind, hier genannt werden. Manche haben eine Erfolgsbilanz in einer bestimmten Branche, aber bei verschiedenen Unternehmen. Stellen Sie sicher, dass dies hier sichtbar ist.

f.   Füllen Sie Ihr Kenntnisse und Fähigkeiten auf und pinnen Sie die drei wichtigsten Punkte.

Kapitel 6: Neue Kontakte akquirieren und bestehende Kontakte digitalisieren

Die Kundenakquise ist entscheidend für das Überleben Ihres Unternehmens. In diesem Kapitel gehe ich auf die Details für LinkedIn ein. Es ist das längste Kapitel, da es so viel dazu zu sagen gibt.

Der Kundenakquise- und Digitalisierungsprozess beginnt mit dem Knüpfen einer Verbindung auf LinkedIn, schreitet aber weiter fort, um Kontakte außerhalb der Plattform zu knüpfen. Wie in vielen Bereichen des Lebens gilt: Je mehr Kontakte Sie knüpfen können, desto besser. Aus diesem Grund werden wir so viele Wege wie möglich untersuchen, um eine Verbindung herzustellen.

Wo Sie anfangen sollten: Menschen, die Sie bereits kennen

Wenn sie neu auf LinkedIn sind ist es ratsam, Ihre Netzwerkaufbau-Kampagne mit Personen zu beginnen, die Sie bereits kennen. Dies ist auch für Ihren Social-Selling-Indexwert wichtig. LinkedIn berücksichtigt die Anzahl der Personen, die auf Ihre Einladungen zu einer Verbindung reagieren, sowie die Personen, die Sie entweder ablehnen oder ignorieren. Dies wird in die Berechnung Ihres Wertes einbezogen.

Beginnen Sie also mit der Suche nach Ihren aktuellen Kunden und Branchenkollegen auf LinkedIn. Verbinden Sie sich mit ihnen, da diese mit größerer Wahrscheinlichkeit eine Anfrage zum Verbinden akzeptieren. Wenn Sie beginnen, Verbindungen herzustellen, wird LinkedIn Ihnen weitere Kontakte vorschlagen. Das ist gut, denn wenn Sie eine Verbindungsanfrage an die vorgeschlagenen Kontakte senden und diese sehen, dass Sie eine gute Anzahl von gegenseitigen Verbindungen haben, werden sie wahrscheinlich auch akzeptieren.

Sie können für diese ersten Kontakte in Ihr Adressbuch gehen oder die LinkedIn-App auf Ihrem Mobilgerät verwenden. Sie präsentiert Ihnen die Option, Ihre Kontakte zu synchronisieren, um Personen zu finden, die Sie bereits kennen. Um der anderen Person die Verbindung mit Ihnen zu erleichtern, können Sie ihr eine einfache Nachricht senden, dass Sie bereits miteinander bekannt sind. Dies kann etwas Einfaches sein wie: „Hallo Frau Müller, ich habe gerade gesehen, dass Sie auch auf LinkedIn aktiv sind. Ich möchte mich mit Ihnen verbinden, damit wir uns auch hier vernetzen können."

Eine weitere Option, mögliche Kontakte zu erhalten, ist die Suche nach bestehenden Kunden im CRM-System (Customer-Relationship-Management) Ihres Unternehmens. Recherchieren Sie, ob diese noch in der Position arbeiten, die im CRM hinterlegt ist.

WICHTIG: Bitte klären Sie das mit der Rechtsabteilung und Ihrem Management ab, bevor Sie das CRM mit Ihrem LinkedIn-Konto abgleichen. Sie möchten nicht gegen die Datenschutzbestimmungen der Kundschaft oder sogar gegen Unternehmensrichtlinien verstoßen.

Wenn Sie es gut machen, werden Sie auf diese Weise viele Verbindungen auf LinkedIn aufbauen können. Der Entscheidungsprozess für die anderen Personen wird einfach sein, weil sie bereits Kunden Ihres Unternehmens sind.

Kaltakquise: Menschen, die Sie nicht kennen

Eine Verbindungsanfrage an Personen, die Sie nicht kennen, zu schicken, ist genauso einfach wie das Versenden einer Anfrage an Leute, die Sie kennen. Die Schwierigkeit besteht darin, sie dazu zu bringen, zu antworten und sich mit Ihnen zu verbinden.

Um Ihre Chancen auf eine Verbindung zu verbessern, lesen Sie sich die Profile durch und suchen Sie nach etwas, das Sie interessiert. Ein gemeinsames Interesse ist fast immer ein guter Ausgangspunkt für ein Gespräch. Senden Sie keine sinnlosen Verbindungsanfragen. Formulieren Sie eine Nachricht sorgfältig um ein gemeinsames Interesse herum. Dies erhöht Ihre Chancen, eine Verbindung herzustellen, ist aber keine Garantie dafür.

Es gibt eine LinkedIn-Funktion namens „Ich kenne diese Person nicht" (I don't know) beziehungsweise die IDK-Regel, die Sie beachten müssen, wenn Sie Verbindungen herstellen. Wer eine Verbindungsanfrage erhält, hat zwei

Möglichkeiten der Reaktion. Er kann sie entweder annehmen oder ignorieren. Für das Ignorieren wird die „Ich kenne diese Person nicht"-Option angeboten. Bei Wahl dieser Option kann der Anfragende keine zukünftigen Verbindungsanfragen mehr senden.

Ein Problem tritt auf, wenn jemand zu viele IDK-Antworten erhält. Dann ist die Person nicht mehr in der Lage, Verbindungsanfragen auf der Plattform zu senden (3). Für Sie bedeutet das, eine gewisse Vorsicht walten zu lassen, wenn Sie versuchen, sich mit Personen zu verbinden, die Sie nicht kennen. Nicht jeder wird die IDK-Option nutzen, gehen Sie dennoch mit Behutsamkeit vor und senden Sie nicht zu viele Anfragen gleichzeitig aus.

Wie bereits oben erwähnt beginnt die Plattform, sobald Sie Verbindungen herstellen, andere Kontakte vorzuschlagen, die auf den Verbindungen basieren, die Sie gemeinsam haben. Es können auch andere Kontakte vorgeschlagen werden, mit denen Sie keine Verbindungen haben, die aber in derselben Branche sind oder mit Ihren Interessen übereinstimmen.

Hinweis: Um die Möglichkeit zu erhalten, Nachrichten an Personen zu senden, mit denen Sie nicht bereits auf der Plattform verbunden sind, müssen Sie ein Premium-Abonnement besitzen. Ein Premium-Abonnement gibt Ihnen Zugriff auf eine Funktion namens „InMail", mit der Sie Nachrichten an Nicht-Kontakte senden können.

Ein guter Tipp, um Antworten aus InMail-Nachrichten zu erhalten: Bieten Sie den Empfangenden etwas von Wert an. Aus diesem Grund sollten Sie deren Profile lesen. Wenn Sie zum Beispiel kostenlose Inhalte haben, die ihnen helfen könnten, zum Beispiel ein Webinar, schicken Sie ihnen eine Einladung und erklären, warum und wie sie davon profitieren können.

Ein weiterer großer Vorteil ist, dass Sie gezielt nach Personen anhand von Kriterien und Schlagworten suchen können.

Wie Sie InMails auf LinkedIn schreiben

„InMails" ist eine LinkedIn-Funktion, die Premium Benutzern zur Verfügung steht, um Nachrichten an Nicht-Kontakte zu senden. Es ist ein wesentliches Werkzeug im Akquisitionsprozess, da es alle Barrieren bei der Kontaktaufnahme mit Interessenten beseitigt. Dennoch ist das Schreiben einer InMail-Nachricht keine Garantie dafür, dass Sie automatisch eine Antwort erhalten. Diese Schritte helfen Ihnen dabei, dass Ihre Mitteilung beantwortet wird:

Bevor Sie schreiben, recherchieren Sie: Schließen Sie sich nicht den meisten Menschen an, die hirnlose Copy-Paste-Nachrichten an alle Ziele senden. Recherchieren Sie über jede Person, bevor Sie ihr eine Nachricht schicken. Sehen Sie sich ihr Profil, ihre Beiträge, Vorlieben, die demografischen Daten und mehr an. Erstellen Sie dann eine Nachricht, die Ihre Erkenntnisse widerspiegelt und für den Empfangenden wertvoll sein wird.

1. **Verwenden Sie eine ansprechende Betreffzeile**: Wenn Ihre Nachricht keine aufmerksamkeitsstarke Betreffzeile hat, wird sie vielleicht gar nicht geöffnet. Fassen Sie sich kurz und seien Sie direkt. Sagen Sie den Empfangenden, wie sie vom Inhalt der Nachricht profitieren können.

2. **Machen Sie eine Einführung in Ihrer ersten InMail**: Seien Sie nicht in Eile, um alle Ihre Produkte und Dienstleistungen in der ersten InMail, die Sie senden, zu bewerben. Sagen Sie ihnen, warum Sie sie kontaktiert haben, wie Sie ihnen einen Mehrwert bieten können, und dann bieten Sie ihnen einen Mehrwert. Sie können einen neuen Branchentrend teilen oder Einblicke in wichtige Unternehmensnews geben.

3. **Personalisieren Sie jede Nachricht**: Individualisieren Sie Ihre Nachricht. Das ist zwar zeitaufwendiger und schwieriger, als generische Nachrichten zu schreiben, aber diese schaden am Ende Ihrer Chance auf ein Gespräch (und auf eine Beziehung). Generische Nachrichten fühlen sich wie ein Marketinggag an, auch wenn sie nichts bewerben. Wenn das Ganze automatisiert erfolgt, könnte das fast schon als Spam angesehen werden.

4.   **Geben Sie einen einfachen Aufruf zum Handeln ab, ohne etwas zu bewerben**: Sie brauchen eine Antwort, um ein Gespräch zu führen. Daher können Sie Ihre Nachrichten mit etwas Einfachem wie „Bitte lassen Sie mich wissen, wenn Sie Fragen zu dem haben, was ich gerade mit Ihnen geteilt habe" abschließen. Sie können auch eine relevante Frage zu dem stellen, was Sie geschickt haben. Sie wollen Antworten bekommen, also schließen Sie mit etwas ab, das eine Antwort auf Ihre Mitteilung sicherstellt.

5.   **Haben Sie einen Plan für den Fall, dass geantwortet wird**: Obwohl die Antwort jeder Person einzigartig sein kann, sollten Sie einen Plan für alle Antworten haben, die Sie auf Ihre InMails erhalten. In vielen Fällen wird Ihr Plan darin bestehen, sie je nach Antwort in die nächste Phase der Customer Journey zu bringen. Abhängig von der Antwort sollten Sie in Erwägung ziehen, die Beziehung von LinkedIn nach außen zu verlagern. Sie könnten Videomeetings, Webinare oder persönliche Treffen in Betracht ziehen.

InMails sind eine wichtige Funktion in Ihren Social-Selling-Kampagnen und helfen Ihnen, Vertrauen aufzubauen und die Kommunikation mit Interessenten zu etablieren. Tun Sie alles, was Sie können, um die Kommunikation zu maximieren. Überstürzen Sie keine Werbeaktionen.

Sales Navigator

Der Sales Navigator ist eine weitere Zusatz-Funktion von LinkedIn. Er ist ein praktisches Werkzeug in Ihrem Social-Selling-Prozess und kann Ihnen helfen, Personen (Leads) und Unternehmen (Accounts) zu finden, die gut zu Ihnen passen (könnten). Er kombiniert die Daten der Plattform, Ihre Konten, relevante Nachrichtenquellen, Leads und Präferenzen. Sie haben dadurch eine höhere Chance, sich mit Kunden und Interessenten zu verbinden und Beziehungen aufzubauen.

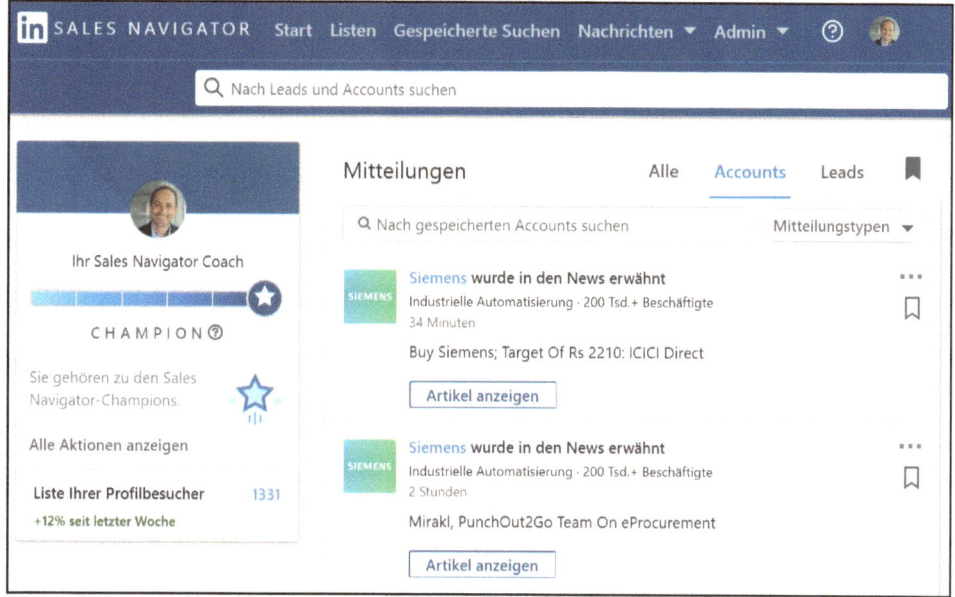

Abb. 4: Sales Navigator

Von LinkedIn in den eigenen Verkaufsprozess

Die meisten B2B-Beziehungen und Verkäufe werden offline abgeschlossen. Wenn Sie planen, das Gespräch mit den Interessenten weg von LinkedIn zu verlagern, gibt es mehrere Möglichkeiten. Dies ist kritisch in Fällen, in denen häufige persönliche Treffen entweder aufgrund von Reisekosten teuer oder aus irgendeinem Grund nicht machbar sind. Hier sind einige Schritte, die Sie umsetzen können, um die Beziehung schrittweise offline zu verlagern.

1.   **Laden Sie die Interessenten per InMail zu einer Veranstaltung oder zu einem Webinar ein**: Eine der beliebtesten Verwendungen von InMails ist die Einladung von Kontakten und Interessenten zu Webinaren. Vor der Einladung müssen Sie Ihr Webinar geplant und ggf. geprobt haben. Vergessen Sie nicht,

dass Sie es mit anderen Fachleuten zu tun haben und dass Sie sich als Autorität auf Ihrem Gebiet etablieren wollen. Bereiten Sie eine exzellente Präsentation vor.

2.   **Halten Sie einen Sales Funnel bereit**: Die meisten werden bereits wissen, was ein Sales Funnel oder Verkaufsprozess ist. Halten Sie einen gut geplanten Sales Funnel bereit, durch den die Interessenten geführt werden, bis sie den Kauf tätigen. Vergessen Sie nicht, dass Sie eine B2B-Verkäuferin oder Verkäufer sind, die verschiedene Personen ansprechen muss, um den Verkauf zu tätigen. Folglich sollten Sie je einen Verkaufsprozess für die verschiedenen Fachleute haben, die benötigt werden, um den Abschluss zu erzielen.

3.   **Live-Videos und Videomarketing**: Es kommt nicht häufig vor, dass sich B2B-Käufer sofort für einen großen Kauf bei Ihrem Unternehmen entscheiden, ohne vorher konkrete Antworten auf offene Fragen zu erhalten. Führen Sie daher Live-Videositzungen (Webinare) durch, um Fragen zu beantworten, die Ihre Interessenten haben könnten. Sie können die Fragen direkt in diesen Sitzungen besprechen. Im Anschluss können Sie 1:1-Gespräche mit den Interessenten führen. Es bietet sich an, ein Online-Kalendertool einzusetzen. Mithilfe des Tools können die Kunden einen Termin aussuchen. Die aufwendige Terminabstimmung via E-Mail und Telefon entfällt. Sie sollten auch das Videomarketing auf Plattformen wie YouTube für Interessenten einrichten, die noch mehr Berührungen brauchen, um von Ihrem Produkt überzeugt zu werden.

4.   **Persönliches Treffen einrichten**: Nachdem Sie die Interessenten durch Ihren Verkaufsprozess geführt haben, ist es vielleicht an der Zeit, diese persönlich zu treffen. Wenn es sich bei Ihrem Produkt nicht um ein hochpreisiges Produkt handelt, ist dies möglicherweise nicht notwendig. Manche Interessenten kommen auch mit virtuellen Treffen gut zurecht. Dies könnte auch bei Interessenten aus anderen Ländern der Fall sein. Sie sollten jedoch Raum für potenzielle Kunden schaffen, die sich persönlich treffen möchten.

Fazit

In diesem Kapitel haben wir behandelt, wie Sie zu vielen Kontakten auf LinkedIn kommen können mit Personen, die Sie bereits kennen, und Personen, die Sie nicht kennen. Wir haben uns auch einige Tools von LinkedIn angesehen wie den Sales Navigator und InMail, die den Prozess der Kundenakquise ermöglichen und verbessern.

Im nächsten und letzten Kapitel werden wir uns einige der Regeln von LinkedIn ansehen, die Sie kennen müssen, um Ihre Bemühungen auf der Plattform zu maximieren. Zudem besprechen wir, warum Sie konsequent sein müssen, und ich gebe einige Tipps, um Ihren Workflow zu optimieren.

Kapitel 7: Konsistenz im Content Marketing und Targeting

Inhalte sind das Herzstück des gesamten Beziehungspflege- und Verkaufsprozesses auf LinkedIn. Sie sind ausschlaggebend dafür, sich als Person mit Expertise zu positionieren. Alles, was im letzten Kapitel behandelt wurde, zieht das Publikum an und macht einen hervorragenden ersten Eindruck. Der Inhalt, den Sie erstellen, ist entscheidend, um Ihren Platz als Autorität in Ihrer Nische und in den Herzen Ihrer Zielgruppe zu festigen. Sie müssen diesen Prozess strategisch und klug angehen.

Dieses Kapitel zeigt Ihnen, wie Sie am besten loslegen und an die Erstellung von Inhalten herangehen.

Prozess der Inhaltserstellung

Alle Content-Strategien, die Sie umsetzen, werden nur funktionieren, wenn Sie relevante Inhalte für Ihre Zielgruppe bereitstellen können. Das bedeutet, dass Sie sich im Vorfeld über die Herausforderungen und Probleme der Kunden informieren müssen. Sie müssen verstehen, mit welchen Aufgaben sie zu kämpfen haben und was sie nachts wachhält.

WICHTIG: Sehr oft haben Verkäuferinnen und Verkäufer bereits Erfahrung, weil sie schon lange in der Branche tätig sind, viele Kunden getroffen haben und nützliche Informationen gesammelt und gespeichert haben. Dies sollte jedoch nicht zu dem Glauben führen, alles besser zu wissen und keine weiteren Details sammeln zu müssen.

Nun stellen sich die Fragen: „Wie kann ich all diese Informationen über meine Zielgruppe erhalten? Werde ich sie einzeln befragen müssen?"

Wenn Sie alle einzeln befragen können, wäre das fantastisch. Eine Möglichkeit, dies zu erreichen, besteht darin, Umfragen zu erstellen, in denen Sie relevante Fragen an Ihre Zielgruppe richten.

Woher werden Sie also wissen, was relevant ist oder nicht? Woher wissen Sie, wonach sich Ihre Zielgruppe sehnt? Die Antwort ist, ihnen zuzuhören.

Der Prozess der Inhaltserstellung beginnt mit dem Zuhören, nicht mit dem Erstellen. Als Vertriebsmitarbeiterin oder Vertriebsmitarbeiter haben Sie sicher den Kunden in den Gesprächen zugehört, um mehr über deren Herausforderungen und Probleme zu erfahren. Dieses Mal werden Sie Ihr traditionelles Zuhören mit dem Online-Zuhören (auch bekannt als digitales Zuhören oder Social Listening) kombinieren.

Das Zuhören umfasst alle Aktivitäten, die Sie durchführen, um Branchengeschehen, Trends, Kundenprobleme, -bedürfnisse, -wünsche und allgemeine Marktinformationen auszumachen und im Auge zu behalten. Dazu gehört in einer traditionellen Umgebung das Lesen von Fachzeitschriften und Artikeln von Fachverbänden. Sie werden dies sicherlich immer noch tun, da es wichtig ist. Aber in der heutigen Social-Selling-Umgebung brauchen Sie mehr als das. Sie müssen das Social Listening anwenden.

Was ist Social Listening?

Das Social Listening beinhaltet den Einsatz von Technologien, um Informationen über bestimmte Themen wie Ihre Branche, Ihre Kunden, Ihre Marktbegleiter zu sammeln, indem Sie verschiedene Onlineplattformen untersuchen und die erhaltenen Daten analysieren.

Es gibt zwei Möglichkeiten, dies zu tun. Die erste ist, den Prozess manuell anzugehen. Dazu gehört, dass Sie Ihre Recherche durchführen, indem Sie sowohl die Websites Ihrer Konkurrenten als auch die Ihrer Kunden daraufhin überprüfen, was sie veröffentlichen, und Jahresberichte und Präsentationen lesen. Dazu gehört auch, dass Sie die Fokusseiten der Unternehmen durchsehen, Kundenbeiträge auf anderen Seiten studieren, Onlinerezensionen lesen, Umfragen durchführen, Tweets auf Twitter und Beiträge auf Reddit durchsuchen und analysieren und Beiträge in Nischenforen und -gruppen durchlesen.

Der zweite Weg ist die Verwendung von Tools, die Ihnen helfen, die benötigten Informationen zu sammeln und zu analysieren. Einige Tools machen den Prozess einfacher und weniger mühsam als die erste Methode. Viele sind kostenlos. Eine einfache Suche nach den „besten kostenpflichtigen Tools für Social Listening" wird mehrere großartige Optionen aufzeigen.

Bevor Sie sich jedoch mit kostenpflichtigen Tools beschäftigen, können Sie mit einer Kombination aus Google Trends und Google News beginnen. Alle drei Tools helfen Ihnen, Keywords und Themen zu finden, die relevant sind, die im Trend liegen und die immer aktuell sind. Die Benutzung ist einfach zu erlernen.

Um jedoch weitergehende und detaillierte Informationen über Ihre Nische, Kunden und Konkurrenten zu erhalten, müssen Sie sich ein oder mehrere kostenpflichtige Tools zulegen.

WICHTIG: Eine großartige Content-Strategie umfasst beide oben erläuterten Methoden des Zuhörens. Vielleicht möchten Sie sich die besten Tools zulegen und einige der manuellen Prozesse ignorieren. Aber manchmal liefert Ihnen der manuelle Prozess einen besseren Inhalt, als Sie sich jemals vorstellen können. Der einzige bekannte Nachteil ist, dass er im Vergleich zur Verwendung digitaler Zuhör-Tools viel zeitaufwendiger ist.

Erstellen und veröffentlichen Sie Ihre Inhalte

Nach dem Zuhören kommt das Reden, sonst ist Ihre Kommunikation (Dialog) nicht vollständig. Aus den Erkenntnissen, die Sie aus Ihrem Social-Listening-Prozess gewonnen haben, können Sie Inhalte erstellen, für die Ihre Zielgruppe dankbar sein wird. Wenn Sie gründlich zugehört haben, werden Sie mehr als genug Daten haben, um ausreichend viele Inhalte zu erstellen.

Ihre Inhalte können jede Form annehmen, von der Veröffentlichung von Branchentrends über Chancen in der Branche bis hin zur Analyse schwieriger oder leicht missverständlicher Konzepte, Ihre Meinung oder Ihren Standpunkt zu kontroversen Themen. Wenn Sie kontroverse Themen veröffentlichen, stellen Sie sicher, dass Sie Ihre Punkte mit logisch korrekten Argumenten und Daten untermauern.

WICHTIG: Es ist immer in Ihrem besten Interesse, in Ihrem Fachgebiet zu bleiben und sich von politischen Diskussionen fernzuhalten. Seien Sie kunden- und branchenorientiert und nicht unternehmensorientiert. Werden Sie nicht zu einem weiteren Sprecher für Ihr Unternehmen. Das ist die Aufgabe der PR-Abteilung, und Sie könnten sogar Reibungen mit ihr bekommen, wenn Sie für das Unternehmen Stellung beziehen, ohne dass das abgestimmt ist. Personen, die ihr persönliches Profil für das Unternehmen verwenden, werden Corporate Influencer genannt. Um diese geht es in diesem Buch nicht.

Was auch immer Sie erstellen, stellen Sie sicher, dass Ihre Inhalte relevant sind. Relevante Inhalte haben so viele Aspekte, aber einige der wichtigsten Aspekte sind Wert, Timing, Lösungsorientierung und Prägnanz. Ihr Inhalt muss für Ihr Publikum einen Wert darstellen, und wenn Sie gut recherchiert haben, werden Sie wissen, was das Publikum als wertvoll empfindet.

Auch das Timing Ihrer Inhalte ist entscheidend. Dies ist der Punkt, an dem trendige Themen ins Spiel kommen. Lösungsorientierung und Prägnanz sind zwei weitere Merkmale von relevanten Inhalten. Die meisten Menschen lesen, weil sie auf der Suche nach Antworten oder Lösungen für ihre Probleme sind, insbesondere Fachleute. Wenn sie nach Lösungen suchen, suchen sie in klaren, prägnanten Beiträgen, weil sie, wie die meisten beschäftigten Menschen, immer wenig Zeit haben. Sie brauchen schnelle Antworten!

Relevanter Inhalt

Es gibt unterschiedliche Definitionen, was relevanter Content ist. Diese umfassen Inhalte, welche die fünf „E" erfüllen Educate (bilden), Engage (fesseln), Entertain (unterhalten) und Enrich (bereichern) sind. Das fünfte „E" ist Evolve (entwickeln) oder Encourage (ermutigen). Das bedeutet, dass die Menschen beim Lesen Ihrer Inhalte etwas lernen. Idealerweise unterhalten Sie Ihre Leser auch mit Ihren Inhalten. Die meisten Menschen lieben es, wenn sie etwas lernen und gleichzeitig Spaß haben können. Abschließend sollten sie sich nach dem Lesen Ihres Beitrags bereichert fühlen, dass sie etwas zu ihrem Leben, ihren Fähigkeiten, ihrem Wissen hinzufügen konnten.

Moderate Werbebeiträge

Es ist leicht, in Versuchung zu geraten, jede Gelegenheit zu nutzen, um für ein Produkt oder eine Dienstleistung Ihres Unternehmens zu werben. Machen Sie das nicht. Stellen Sie sich vor, Sie sind Zeitungsredakteur oder Redakteurin mit einem eigenen Magazin für Ihre Zielgruppe. Sie müssen die Inhalte entsprechend gestalten und sicherstellen, dass sie für die Zielgruppe relevant sind. Sie können auch von Zeit zu Zeit eine Anzeige schalten, aber mehr nicht. Niemand wird ein Magazin lesen, das nur aus Anzeigen besteht. Verwandeln Sie Ihren Account also nicht in einen Werbekanal. Machen Sie ihn stattdessen zur Go-to-Seite, wenn die Besucher einen Mehrwert in Ihrer Nische suchen.

Inhalte finden, teilen und erstellen (Content Creation, Content Curation)

Sie müssen nicht jedes Mal nur Originalinhalte veröffentlichen. Dies kann sehr zeitaufwendig sein. Anstatt das Rad neu zu erfinden, sollten Sie manchmal eine Information von anderen Experten oder Unternehmen mit Ihrem Publikum teilen. Sie könnten Ihre Kampagne zur Erstellung von Inhalten sogar damit beginnen, Inhalte aus Ihrem Unternehmen zu teilen.

Das Teilen von Inhalten, die nicht von Ihnen erstellt wurden, wird als Content Curation bezeichnet und kann eine Möglichkeit sein, die Erstellung Ihrer Inhalte in Gang zu bringen. Aber Sie sollten wissen, wie Sie dabei vorgehen, damit Sie Ihre Zielgruppe nicht an andere verlieren. Hier kommen die Best Practices für eine erfolgreiche Content Curation ins Spiel.

1. Sie müssen zwischen selbst erstellten Inhalten und externen Inhalten unterscheiden. Wenn Sie einen interessanten Artikel gelesen haben, können Sie ihn mit Ihrer Zielgruppe teilen. Fügen Sie dazu den Link zu dem Artikel hinzu. Aber damit sind Sie noch nicht fertig. Sie müssen auch Ihre Perspektive einbringen und der Zielgruppe sagen, warum dies Ihrer Meinung nach wichtig ist.

2. Stellen Sie sicher, dass die Artikel, die Sie weiterleiten, nicht hinter einer PayPal- oder einer anderen Zahlungsabwicklungsplattform versteckt sind. Mit anderen Worten: Kuratieren Sie keine Werbeinhalte, die dazu gedacht sind, Zahlungen von Ihrer Zielgruppe zu sammeln.

3. Wenn Sie Inhalte Ihres Unternehmens teilen, ist es eine gute Idee, Ihre eigene Perspektive einzunehmen.

4. Kuratieren Sie nicht mehr, als Sie Originalartikel teilen. Manche Leute nehmen den einfachen Weg und kuratieren gedankenlos Inhalte. Das mag Ihrem Publikum viele wertvolle Inhalte präsentieren, kostet Sie aber Ihre Positionierung als Person mit Expertise. Schreiben Sie mehr Originalbeiträge, als Sie kuratieren.

Hier sind einige wichtige Tipps zur Erstellung und Veröffentlichung von Inhalten, die Sie kennen müssen:

a. Erstellen und teilen Sie mehr selbst erstellte Inhalte. LinkedIn, wie auch die meisten anderen Plattformen, mögen es nicht, wenn ihre Besucher außerhalb der Plattform verschwinden. Infolgedessen schneidet Inhalt, der sich auf LinkedIn befindet und nicht extern verlinkt ist, fast immer besser ab.

b. Teilen Sie nicht nur Textinhalte. Fügen Sie Videos, Bilder, Präsentationen oder andere unterstützte Inhaltsformate ein. Diese sind großartig für die Menschen, die Ihre Inhalte konsumieren werden. Dies liegt daran, dass Menschen auf Bilder schneller und emotionaler reagieren. Nicht umsonst heißt es: „Ein Bild sagt mehr als tausend Worte." Besonders gut funktionieren Fotos mit Ihnen als Motiv. Diese bauen eine persönliche Marke auf (Personal Brand).

c. Der LinkedIn-Algorithmus zeigt Ihre Inhalte zunächst einer Stichprobe Ihrer Kontakte. Wenn es viel Interaktion gibt, d. h. Likes und Kommentare, wird der Inhalt innerhalb kurzer Zeit vielen anderen LinkedIn-Kontakten gezeigt. Das bedeutet, dass der Inhalt zu Ihrer Zielgruppe und zu den Kontakten passen muss. Achten Sie daher darauf, dass Sie die richtigen Kontakte haben und nehmen Sie nicht jede Kontaktanfrage an. Es kann auch helfen, wenn Sie Kolleginnen und Kollegen gezielt auf Veröffentlichungen hinweisen. Wenn Sie auf Inhalte von anderen reagieren, erhöht sich die Wahrscheinlichkeit, dass diese Personen auch mit Ihrem Inhalt interagieren. Kommunikation ist keine Einbahnstraße.

d. Immer wichtiger wird auch die Verweildauer (Dwell Time), das ist ein Maß dafür, wie lange Ihre Kontakte bei Ihren Inhalten bleiben. Wenn es Ihnen gelingt, relevante Inhalte für Ihre Zielgruppen zu schreiben, und diese genug Zeit mit Ihren Inhalten verbringen und viel mit ihnen interagieren, werden diese mehr Likes erhalten und dadurch eine größere Reichweite erzielen.

Es gibt noch einige zusätzliche Tricks, zum Beispiel die Verwendung von Emojis oder die Erwähnung von Personen, aber das sind Dinge, die sich ändern. Der wichtigste Punkt ist und bleibt: Beobachten Sie, wie die Zielgruppe Ihre Beiträge aufnimmt. Beantworten Sie Fragen zeitnah und nutzen Sie deren Inhalte, um eine Expertenpositionierung aufzubauen.

Das Erstellen und Veröffentlichen Ihres Beitrags auf LinkedIn ist ganz einfach. Falls Sie neu auf der Plattform sind, müssen Sie nur Ihren Inhalt in das Feld eingeben, auf das der Pfeil im nächsten Bild zeigt. Sie können dort auch andere Inhaltsformate hinzufügen.

Sobald Sie einen Beitrag veröffentlicht haben, nehmen Sie sich etwas Zeit, um zurückzukommen und sich mit allen zu beschäftigen, die den Beitrag kommentiert haben. Wenn es Fragen gibt, beantworten Sie sie; wenn es gute Anmerkungen gibt, können Sie den Kommentator ein Kompliment machen. Wenn Sie fehlerhafte Aussagen finden, sollten Sie sich die Zeit nehmen, die Fehler zu korrigieren, damit Ihr Publikum nicht von einem negativen Kommentar zu Ihrem Beitrag beeinflusst wird. All diese Aktionen werden Ihrem Beitrag helfen, zu wachsen.

Zur Erinnerung: Der Prozess der Inhaltserstellung umfasst Folgendes:

1. Social Listening
2. Erstellung und Veröffentlichung von Inhalten
3. inhaltliche Kuration

Kapitel 8: Warum Konstanz wichtig ist und wie Sie LinkedIn systematisch mit Inhalten füllen

Den Großteil der praktischen Aspekte, die LinkedIn zu einer unglaublichen Social-Selling-Plattform für B2B-Verkäuferinnen und Verkäufer sowie -Marketeers machen, haben wir in den letzten vier Kapiteln behandelt. Mit den Tipps, die Sie in diesem Buch erhalten haben, können Sie eine so große Anzahl an Kontakten erreichen, die Sie nicht für möglich gehalten haben. Wenn Sie es richtig machen, werden die Ergebnisse Sie verblüffen.

Leider stellt sich der Erfolg nicht über Nacht ein. Sie müssen sich anstrengen, um im Laufe der Zeit die gewünschten Ergebnisse zu erzielen. Wenn Sie denken, dass Sie die gewünschten Ergebnisse erhalten, indem Sie einmal Inhalte veröffentlichen und sich dann entspannen, haben Sie immer noch nicht verstanden, warum es ein soziales Netzwerk genannt wird.

Um die besten Ergebnisse zu erzielen, müssen Sie so viel wie möglich in Verbindung bleiben. Aber Sie sind ein Profi, der andere Dinge zu tun hat und nicht den ganzen Tag auf LinkedIn sein kann. In diesem Kapitel geht es um Beständigkeit. Sie bekommen einige Tipps an die Hand, die dafür sorgen, dass sich die von Ihnen investierte Zeit lohnt.

Aber zuerst muss ich klarstellen, dass es keine Zauberformel gibt. Also bitte erwarten Sie keine. Abhängig von Ihrer Nische (und größeren Branche) müssen Sie vielleicht verschiedene Dinge ausprobieren, um herauszufinden, was wirklich funktioniert. Mit anderen Worten: Am Anfang sollten Sie sich im Experimentiermodus befinden.

Viele Leute fangen mit irgendeiner Formel eines Gurus an und enden frustriert, wenn sie merken, dass es bei ihnen nicht funktioniert. Wie bereits in diesem Buch erwähnt, wird Ihnen die Verwendung von Bots zum Aufbau Ihrer Verbindung ebenfalls nur schaden. Sie werden wahrscheinlich nicht viele Kontakte erhalten, die Ihre Produkte kaufen.

Die folgenden Tipps sind entscheidend. Sie werden Ihnen helfen, Ihre Bemühungen auf LinkedIn zu maximieren.

Beständigkeit

Ich kann nicht genug betonen, dass Beständigkeit mit der wichtigste Tipp ist, den ich Ihnen geben kann. Alle Bemühungen zahlen sich nur dann aus, wenn Sie ständig die richtigen Dinge tun (wie in diesem Buch vermittelt). Auch das Netzwerk scheint Beständigkeit zu belohnen. Sie wird der Grundton für die meisten der entscheidenden Tipps sein, die wir in diesem Kapitel besprechen werden. Um Konstanz zu gewährleisten, müssen Sie täglich etwas Zeit einplanen; 10 bis 15 Minuten am Morgen und am Abend könnten ausreichen. Sie können auch weitere 30 Minuten pro Woche einplanen.

Erstellung von Inhalten

- **Posten Sie so oft wie möglich und planen Sie Beiträge**: Eine Veröffentlichung zwei- bis viermal pro Woche reicht aus. Sie können die kompletten Inhalte am Wochenende oder einmal im Monat erstellen und sie während der Woche oder des Monats planen.
- **Probieren Sie verschiedene Inhaltsformate aus**: Bleiben Sie nicht bei nur einem Inhaltsformat. Sie könnten auch eine Strategie anwenden, die die Verwendung verschiedener Inhaltsformate beinhaltet. Einige Probleme und deren Lösungen lassen sich vielleicht besser mit Videos erklären. Für einige Branchendiagramme und Statistiken benötigen Sie eventuell eine Präsentation und vieles mehr. Bleiben Sie nicht einfach dabei, nur textbasierte Inhalte zu veröffentlichen.
- **Bleiben Sie an der Spitze des Trends**: Nutzen Sie einen Dienst wie Google Trends, um sich über Branchenereignisse und Trends auf dem Laufenden zu halten. Auch Twitter ist manchmal perfekt dafür geeignet. Auf der Microblogging-Seite erfahren Sie sehr schnell von neuen Dingen, die an verschiedenen Orten passieren.
- **Kuratieren und recyceln Sie Inhalte**: Anstatt jedes Mal einen neuen Beitrag zu schreiben, könnten Sie sich dazu entscheiden, den letzten Beitrag, der sehr gut gelaufen ist, in ein Video umzuwandeln und das Video

zu veröffentlichen oder andersherum. Sie können sogar eine Checkliste oder Infografik aus dem Videobeitrag erstellen. Es gibt viele Möglichkeiten. Recherchieren Sie so viel wie möglich. Versuchen Sie nicht, alles selbst zu machen, nur weil Sie die Autorität sein wollen – und zwar möglichst mit korrekten Inhalten. Befolgen Sie einfach die Best Practices, die ich in dem Kapitel über die Erstellung von Inhalten beschrieben habe.

- **Ermutigen Sie zum Engagement**: Regen Sie zur Beteiligung an Ihren Beiträgen an. Antworten Sie auf relevante Kommentare zu Ihren Beiträgen. Das ist auch ein hervorragender Weg, um eine Konversation zu beginnen. Social Media ist keine Einbahnstraße: Nehmen Sie sich also die Zeit, auch auf die Inhalte Ihrer potenziellen Kunden einzugehen. Das ist ein perfekter Weg, um überhaupt wahrgenommen zu werden. Wenn Sie dann eine Anfrage oder InMail senden, werden Sie nicht wie ein Fremder wirken, vor allem, wenn Sie relevante Kommentare zu den Beiträgen geben.

Kundenakquise

- **Upgrade auf ein Premium-Konto**: Während Sie mit einem kostenlosen Konto beginnen können, ist es ratsam, auf ein Premium-Konto zu aktualisieren, wenn Sie sich wohlfühlen. Das Premium-Konto bietet mehrere Funktionen, die für den Erfolg im Social Selling entscheidend sind.
- **Setzen Sie sich ein realistisches Ziel an Verbindungen pro Woche**: Obwohl Sie so schnell wie möglich wachsen wollen, sollten Sie auf Qualität setzen. Einzelne Kontakte zu recherchieren, ist zwar zeitaufwendig, aber sehr lohnend. Setzen Sie sich also das Ziel, 10 bis 15 Kontakte pro Woche zu ermitteln. Senden Sie diesen eine Nachricht und eine Verbindungsanfrage.

Profil und Branding

- **Aktualisieren Sie Ihr Profil mit Ihren Errungenschaften und neuen Zertifizierungen**: Wenn Sie wie die meisten Fachleute sind, werden Sie wahrscheinlich neue Fähigkeiten erlernen und Kurse belegen. Nachdem

Sie alle abgeschlossen haben, sollten Sie Ihr Profil entsprechend aktualisieren. Auf diese Weise sehen die Kunden und Interessenten, dass Sie kontinuierlich an sich arbeiten und besser werden.

- **Teilen Sie Links zu Artikeln oder Beiträgen, die in Fachzeitschriften erschienen sind**: Hier geht es darum, alles zu tun, um sicherzustellen, dass Sie als Expertin/Experte in Ihrer Branche angesehen werden. Konzentrieren Sie sich darauf, dass die Inhalte, auf die die Links verweisen, für Ihre Zielgruppe relevant sind.

- **Vernetzen Sie sich mit anderen Fachleuten aus Ihrer Branche:** Sie sind sehr wahrscheinlich nicht die einzige Kapazität in Ihrer Nische, also vernetzen Sie sich mit anderen. Bieten Sie Ihre Hilfe an, wo Sie können. Vielleicht bekommen Sie eine gute Empfehlung als Expertin/Experte für dieses oder jenes.

Fazit

Wie bereits erwähnt, gibt es keine magischen Formeln. Aber es gibt eine Struktur, der Sie folgen können – eine Struktur, die die Grundlage für ein erfolgreiches Social Selling ist. Es ist die die ich in diesem Buch für Sie festgehalten habe.

Ein erfolgreiches Social Selling und der Aufbau eines umfangreichen Netzwerks auf LinkedIn baut auf fünf Stufen auf. Ich habe diese Stufen in ihre Komponenten und Aktivitäten heruntergebrochen, um Ihre Erfolgschancen zu erhöhen. Noch einmal, die fünf Stufen sind Konzept, Kompetenz, Kontakt, Konsistenz und Konstanz. Jetzt liegt es an Ihnen, alles umzusetzen, was Sie in diesem Buch gelernt haben. Probieren Sie es aus. Nehmen Sie Anpassungen vor, wo es nötig ist. Das Wichtigste: Bauen Sie ein großes Netzwerk auf.

Auf Ihren Erfolg!

Kapitel 9: Fallstudien und Experteninterviews

Social Selling im B2B-Vertrieb aus Sicht eines Fachverbandes

Thomas Vierhaus, Geschäftsführer von VTH Verband Technischer Handel e.V. und FSA Fachverband Seile und Anschlagmittel e.V. Diplom-Volkswirt, seit 11/1991 beim VTH, seit 10/2007 Hauptgeschäftsführer (Geschäftsführendes Vorstandsmitglied), seit 03/1999 beim FSA, seit 07/2013 Geschäftsführer

1. **Wie hat sich der Technische Handel durch Digitalisierung (a) und Covid-19 (b) verändert?**

   a) Die Digitalisierung im Technischen Handel hat die Branche nicht fundamental verändert, lediglich die Konkurrenz (Onlinehandel) sowie die Ansprache der Kunden sind vielfältiger geworden. Das bewährte Vertriebs-/Geschäftsmodell ist im Grundsatz erhalten geblieben: Einkauf von Halbzeugen und Fertigprodukten bei industriellen Herstellern und Importeuren sowie Beratung und Verkauf von Waren und Dienstleistungen, überwiegend an die Industrie, weniger an Handwerk und öffentliche Hand. Omni-/Multichannel-Vertrieb ist bei den mittleren und größeren Betrieben der Branche mittlerweile Standard, trotz vielfach suboptimaler Stammdatenqualität der Hersteller. Standard-Schnittstellen im E-Commerce (Katalogdaten) werden umfassend bedient. Marktplätze und Plattformen werden eingebunden, falls die Kunden dies wünschen. Die betrieblichen Prozesse werden schrittweise digitalisiert beziehungsweise automatisiert. Hier besteht allerdings noch Nachholbedarf in kleineren Betrieben. Insgesamt befindet sich der Technische Handel auf einem guten Weg und punktet nach wie vor durch seine hohe Beratungskompetenz und seine ausgezeichnete Kundennähe.

c) Covid-19 hat vor allem die Betriebe besonders negativ getroffen, die mit der vielfältigen Zulieferindustrie der großen Automobilkonzerne zusammenarbeiten. Die Pandemie und ihre vielfältigen Herausforderungen haben die Betriebe nochmals flexibler und agiler werden lassen und das „Mindset" dahingehend verändert. Insgesamt gilt der Großhandel als systemrelevant, sodass kein Betrieb von einer Schließung betroffen war. Die Einschränkung der Außendienst-Aktivitäten hat den Technischen Händlern deutlich vor Augen geführt, wie wichtig es ist, die übrigen Verkaufskanäle (Telefon, Internet) nachhaltig zu stärken und sich mit neuen Vertriebsthemen wie dem Social Selling zu beschäftigen. Auf LinkedIn ist eine deutliche Zunahme der diesbezüglichen Bemühungen einiger Technischer Händler bereits zu spüren.

2. Welche Chancen bieten sich dadurch für den Technischen Handel?

Die beiden größten Chancen der Nutzung digitaler Vertriebskanäle sind es, erstens „im Geschäft zu bleiben" und zweitens die zumeist deutlich unpersönlichere Online-Konkurrenz auch weiterhin auf Abstand zu halten. Weitere Möglichkeiten bestehen darin, noch mehr und bessere Informationen (Daten) über die Kunden und ihre Bedürfnisse beziehungsweise Wünsche zu erhalten sowie den Kunden weitere Möglichkeiten der interaktiven Kontaktaufnahme beziehungsweise -pflege zu eröffnen und variable Bestellmöglichkeiten anzubieten. Das Prinzip der Omnipräsenz wird zukünftig eine große Rolle spielen, um die Kunden dort abzuholen, wo sie sich gerade befinden.

4. **Wie können Technische Händler Social Selling nutzen, um noch effektiver mit Kunden zu interagieren?**

Social Selling bietet hervorragende Möglichkeiten, hürdenlos und unmittelbar mit digital affinen Zielgruppen beziehungsweise Ansprechpartnern bei bestehenden und potentiellen Kunden in Kontakt zu treten. Dabei gilt die neue Losung des digitalen Marketings: „Content is king". Die Kunst besteht darin, interessante Menschen mit lesenswerten Inhalten beziehungsweise Botschaften anzusprechen, sie zu einem Profilbesuch zu animieren und die Profilbesucher dann zu Kontakten ersten Grades zu machen, damit sie dauerhaft in den Informationsfluss eingebunden werden und immer wieder Nachrichten erhalten, die sie dann entweder mit "Gefällt mir" kennzeichnen, kommentieren, teilen oder an ihre Kontakte senden (Netzwerk). Auf diese Weise entsteht bestenfalls eine gewisse Vertrautheit, die es enorm erleichtert, die Kontakte in der Folge auch gezielt analog anzusprechen.

5. **Wie nutzen Sie als Verband LinkedIn/XING, um Ihren Mitgliedern Mehrwert zu bieten?**

Als VTH sind wir sowohl bei LinkedIn als auch bei XING mit eigenen Profilen beziehungsweise Gruppen vertreten beziehungsweise aktiv. Wir nutzen diese beiden Netzwerke, sowie Facebook, um unsere wichtigsten Botschaften – auch an potentielle Mitglieder – zu übermitteln und unsere Nachrichten zu verbreiten. Wir sehen die Sozialen Netzwerke als willkommene Ergänzung zur Website sowie zu den Direkt-Mailings und Presseaussendungen. Jedoch passen wir auf, dass die essentiellen Informationen für unsere Mitglieder exklusiv bleiben und wir insofern die Themen für die internen und externen Mediakanäle differenzieren. Die öffentlichen Nachrichten auf XING, LinkedIn und Facebook haben deshalb einen anderen Charakter als die internen Mitteilungen und bieten demzufolge weniger direkten Mehrwert für die Mitglieder. In erster Linie wollen wir hier zeigen, dass der VTH ein aktiver Verband mit einem vielfältigen, interessanten Themenspektrum ist. Ferner möchten wir Diskussionen anstoßen und die Öffentlichkeit mit den Leistungen des Technischen Handels vertraut machen. Der Nutzen für die Mitglieder ist also eher indirekter Natur.

Social Selling aus Unternehmenssicht

Michael Stenberg verantwortet als Global Head of Digital Marketing bei der Siemens AG den digitalen Vertriebsprozess auf direkten und indirekten Kanälen. Konsistente Omnichannel-Experiences und die Transformation der Sales Methoden im digitalen Zeitalter sind seine Fokusthemen. Zuvor hat er als Global Vice President Digital Marketing den strategischen Ausbau und die Weiterentwicklung der Online und mobilen Properties www.siemens.com in 90 Ländern sowie die weltweiten Social Media Aktivitäten des Konzerns verantwortet. Seine Stationen umfassten weiterhin Führungsaufgaben in der Internet Industrie und der Telekommunikationsbranche.

1. **An welcher Stelle auf der Customer Journey kann man Social Selling einsetzen?**

   Social Selling erweitert die etablierten Interaktionsmöglichkeiten mit dem Kunden über E-Mail, Telefon, Videokonferenz und persönliche Treffen um sechs weitere Optionen: Verbindungsanfrage, Vorstellung über Bekannte, Social Network E-Mail (InMail), ‚Like` eines Posts, Kommentar auf einen Post, @-Mention in einem eigenen Post. Damit erhalten Vertriebsmitarbeiter neuartige Werkzeuge an die Hand um bei Neukunden aus der Masse der Anfragen auf etablierten Kanälen herauszustechen und bei Bestandskunden einen schnellen, emotionalen und direkten Weg zum Austausch zu nutzen.
   Social Selling spielt daher sowohl in der frühen Phase der Customer Journey im Bereich ‚Learn`und ‚Evaluate` eine Rolle als auch im Post-Purchase Bereich, um upselling und cross-selling Möglichkeiten zu identifizieren.

2. Wie lassen sich Online-Events wie Messen oder Konferenzen digital einbinden?

Die Transformation im Veranstaltungsgeschäft von Messen und Veranstaltungen hin zu Online-Events bedarf einer massiven Einbindung von Social Selling in zwei Phasen:

1) Akquisition von Teilnehmern für Veranstaltung: Durch Teilen der Microsites und Registrierungsformulare der Veranstaltung über die persönlichen Kanäle der Mitarbeiter des Veranstalters lassen sich etwa 10 mal höhere Reichweiten erzielen als bei der alleinigen Verbreitung der Veranstaltungsinformationen über die corporate Social Media Kanäle des Veranstalters

2) Konversion von virtuellen Kontakten in Sales Leads: Die initiale Kontaktaufnahme mit Neukunden auf virtuellen Events in Chat-Rooms wird durch eine Kontaktaufnahme auf Sozialen Netzwerken wie beispielsweise LinkedIn weiter geführt. Über diesen Kanal werden Folgeinformationen zum Chat mit dem potenziellen Kunden ausgetauscht. Das Social Media Profil des Kunden hilf dabei nur relevante Informationen zu teilen.

3. Welche KPIs eignen sich aus Deiner Sicht um den Erfolg von Social Selling Programmen zu messen?

Social Selling ist für viele Unternehmen noch ein Testfeld, in dem erste Erfahrungen gesammelt werden. Es ist ein Instrument, um die festgelegten Sales Ziele schneller zu erreichen und das mittlere Auftragsvolumen zu steigern. Neben weichen Zielen wie der Geschwindigkeit die richtigen Ansprechpartner in einem Account zu identifizieren beziehungsweise das Kontaktnetzwerk in einem Account zu erweitern spielen harte Messgrößen wie durch Social Selling beeinflußter Auftragswert und der gewonnenen oder verlorenen Aufträge eine Rolle um die Akzeptanz der Methodik im Sales zu etablieren.

Die Messung der ‚Engagement-Rate‘ auf Social Media Beiträgen von Sales Reps sind eine Indikation für die Akzeptanz des Vertriebsmitarbeiters als Experte für seinen Bereich.

4. **Wie können die oberen Führungskräfte/Vorstände dazu beitragen, dass Social Selling für ein Unternehmen zum Erfolg wird.**

Ein entscheidender Erfolgsfaktor für die Verbreitung von Social Selling in Unternehmen ist es ‚Vorbilder im Top Management zur Nutzung persönlicher Social Media Kanäle im Sinne des Unternehmens zu etablieren. Beispielhaft sei der ‚Social CEO‘ und Executive Influencer genannt, die das Image des Unternehmens bei Kunden über ihre Kanäle prägen, auf denen Kunden sich bewegen und die Konversationen, die auf ihrem Kanal mit Kunden starten ohne Medienbruch an verantwortliche Sales Mitarbeiter weiterleiten können. Auch technologische Plattformen, die für den Sales Mitarbeiter leicht zu teilende Inhalte bereitstellen und über Gamification Elemente die regelmäßige Aktivität auf dem persönlichen Social Media Kanal anregen spielen eine wichtige Rolle bei der Aktivierung der Social Selling Potenziale im Sales.

Social Selling aus Sicht des Leadmanagements

Klaus Hengstmann ist Social Selling Evangelist und Marketing Dozent an der Universität St.Gallen zum Thema Lead Management

1. Was ist dein Erfolgsfaktor für Social Selling?

Vertrauen. Um nachhaltige Beziehungen aufzubauen, muss Vertrauen verdient werden. Es ist der roten Faden durch den AIDA-SLA Funnel: Awareness, Interest, Desire, Action - Support, Loyalty, Advocacy. Das erfordert eine Verhaltensänderung vom „Was kann ich verkaufen" hin zu „Wie kann ich helfen". So wie es Melonie Dodaro in ihrem Buch „LinkedIn Unlocked" beschreibt. Vom werblichen Push- zum erfolgreichen Pull Effekt.

2. Was ist deine Empfehlung für ein erfolgreiches Lead Management?

Um mehrwertstiftend mit der Zielgruppe zu interagieren, muss für diese relevanter Content, in persona-gerechten Form, zum richtigen Zeitpunkt, zur korrespondierenden Phase der Customer Journey angeboten werden. Voraussetzung für ein solches Inbound- oder Account based Marketing ist, ein zur Verfügung stehendes Content Management. Es ist meist effektiver und effizienter, mittels Social Listening auf geteilte Inhalte der Zielgruppe zu reagieren, als diese werblich mit für diese etwaig irrelevanten Posts zu kompromittieren. Ein „entfolgter" Kunde kommt nicht wieder und empfiehlt auch nicht weiter.

3. Wie kann Social Selling Erfolg gemessen werden?

Geht es um Sales, sind nur Ergebnisse Erlebnisse. Grundvorraussetzung ist die eigene Social Media Strategie: Warum bin ich auf diesem Kanal aktiv? Was ist für meine Kunden von Relevanz? Welche Ziel Messgrößen leiten sich in der Folge nach dem SMART Prinzip von Peter Drucker ab - **S**pezifisch, **M**essbar, **A**ktivierend, **R**ealistisch, **T**erminiert. Durch dieses Controlling wird laufend geprüft, ob gesetzte Ziele erreicht und Ressourcen optimal eingesetzt werden. Mit der Nutzung von Social Media Dashboards und der Aktivierung einer LinkedIn CRM Schnittstelle, steigt der Erfolg signifikant an.

4. Was ist deine Zukunftsprognose für Social Selling?

Die Pandemie hat dazu geführt, dass nicht nur die Vertriebskommunikation digitaler geworden ist. Social Listening und CRM basierte Sales Marketing Automation leisten zukünftig signifikante Wachstumschancen für einen wertschöpfenden Auf- und Ausbau im Kundendialog.

Social Selling aus Sicht eines Verkäufers

Simon Repp hat eine langjährige Erfahrung als Verkäufer im B2B Vertrieb. Er hat frühzeitig die Chancen von Social Media und Digitalisierung erkannt.

1. Was waren Deine Aufgaben?

Als Kundenbetreuer war ich bei SOLIDWORKS für den Vertrieb der 3DCAD Software SOLIDWORKS an die Industrie, Lösung im Datenmanagement und ERP-Anbindung, CAD-Software in der Cloud sowie den Verkauf von IT-Hardware und 3D-DRUCKERN zuständig

2. Wie bist Du vorgegangen?

Ich habe konsequent den Sales Navigator benutzt. Darüber hinaus habe ich aktiv Inhalte auf meinem Profil gepostet. Dann habe ich die Profilbesucher direkt angeschrieben.

3.Was waren deine Erfolge? Was hat das bewirkt?

Durch Social Selling konnte ich 2020 einen 3D Drucker mit einem Wert von Auftragsvolumen 500.000€ verkaufen. Darüber hinaus habe ich diverse Neukunden für CAD Software gewonnen.

4.Welche Empfehlung hast du für Vertriebsmitarbeiter, die gerade mit dem Social- Selling anfangen?

Man muss Geduld haben. Es dauert 1-2 Jahre, bis Erfolg kommt und dann steht Euer Netzwerk. Bei einem Aufgaben- beziehungsweise Jobwechsel braucht es auch eine LinkedIn Neuausrichtung.

Social Selling aus Sicht eines Verkaufsexperten

Peter Schreiber

Peter Schreiber ist Inhaber des Beratungs- und Trainingsunternehmens Peter Schreiber & Partner (PS&P) und Autor des Buches "Das Beuteraster – 7 Strategien für erfolgreiches Verkaufen" (Orell Füssli Verlag).

Er ist neben seiner Tätigkeit als Berater, Coach und Trainer für B2B-Vertrieb Lehrbeauftragter an der Hochschule Mannheim / Wirtschaftsingenieur sowie Referent bei öffentlichen Veranstaltungen, Buchautor und Autor in Fachmagazinen für Vertrieb und Verkauf.

2018 wurde er als TOP Consultant ausgezeichnet.

Das PS&P-Team trainiert und coacht Vertriebsmannschaften „case based" im B2B-Vertrieb.

⇨ https://www.schreiber-training.de/b2b-vertriebs-trainer-berater-beratung/peter-schreiber-vertriebsberater/

1. Wie hat sich der Vertrieb durch Digitalisierung und Covid-19 verändert?

Grundsätzlich haben sich durch die Möglichkeiten der Digitalisierung zwei Dinge im B2B-Vertrieb verändert:

(1) Sowohl Anbieter (Vertrieb) als auch Kunden (Fachabteilungen und Einkauf) können sich schneller und umfassender im Vorfeld informieren. In Bedarfsfällen treffen die meisten Kunden bereits bei Ihrer Web-Recherche eine weichenstellende Vorauswahl:

⇨ Welche Lösung erscheint interessant?

⇨ Welches Unternehmen scheint der richtige Partner zu sein?

⇨ Wer scheint ein kompetenter (Ratio) und sympathischer (Emotio) Ansprechpartner zu sein?

Für den Vertrieb bedeutet das, den potenziellen Kunden webweiten Content (Lösungsansätze) attraktiv zu kommunizieren:

Zielgruppenspezifisch, attraktiv, SEO-technisch bestmöglich platziert, mit unkomplizierter Kontaktaufnahme-Möglichkeit.

Neu: Das Personal Branding des Verkäufers (m/w/d) im Web spielt heute eine wichtige Rolle und gibt dem altbekannten Social Selling – früher etwa die Einladung zum gemeinsamen Essen – ein besonderes Gewicht. Es bedeutet aber auch die Verantwortung aktiv für sein Personal Branding auf den Social Media Plattformen selbst zu sorgen.

(2) Die Digitalisierung ermöglicht, die Vertriebsprozesse effizienter und effektiver zu gestalten. Dazu müssen jedoch Prozesse weitestgehend standardisiert und konsequent eingehalten werden. Die Kehrseite der Medaille:

Die Möglichkeiten der flexiblen, schnellen Kundenorientierung werden stark eingeschränkt und die gewünschte Wirkung, der Verkaufserfolg, ist fraglich.

Der Lösungsansatz: Zielgruppen-/marktorientierte sowie situationsgerecht sowohl digitalisierte Prozesse als auch konventionelle Vorgehensweisen im B2B-Vertrieb abwägen und zulassen.

Dabei ist auch – zur Zeit noch – der Generationswechsel sowohl auf Kunden- als auch auf Anbieterseite zu berücksichtigen: Die Werte der 'GenerationY/Z' erfordern moderne Vorgehensweisen, die in manchen Buyingcenters aktuell noch amtierende 'Babyboomer-Generation' sollte dabei nicht übergangen werden.

Covid-19 hat diese beiden Entwicklungen lediglich beschleunigt und fällt den Unternehmen und den Verkäufern, die sich bisher nicht genügend um die Digitalisierungsmöglichkeiten gekümmert haben, auf die Füße.

2. Welche Chancen siehst Du im Social Selling?

Das Vernetztsein – sowohl als Verkäufer, als auch als Unternehmen – mit sehr vielen, für den Verkaufserfolg relevanten Personen ist eine tolle Möglichkeit Attraktion für Lead-Generierung und Opportunity-Entwicklung aufzubauen sowie eine systematische und gleichermaßen persönliche Kundenpflege für die Kundenbindung, für das Folgegeschäft sowie für Weiterempfehlungen effizient sicherzustellen. Das 'elektronische Face-to-Face' ist möglich. Unsere Kinder – zukünftige Kunden – demonstrieren es bei ihrer Social-Media-Nutzung jeden Tag …

3. Was würdest Du Vertriebsmitarbeitern im B2B empfehlen, die gerade erst mit dem Thema anfangen?

➤ Mindset: Sehen Sie sich als Verkäufer (m/w/d) – neben Ihren Produkten / Dienstleistungen und Ihrem Unternehmen – für den Kunden als wichtigen Bestandteil der Lösung.

➤ Vermarkten Sie sich selbst als kompetenter und sympathischer Lösungspartner, um somit für die Produkte und Dienstleistungen leichter wertvolle, persönliche Leads für Ihre Verkaufsarbeit zu bekommen.

➤ Legen Sie sich dazu professionell ausgestaltete Social-Media-Accounts an – Linkedin, Xing, Facebook etc. – die von Ihren Zielgruppen / Kunden benutzt werden.

➤ Legen Sie für Ihre Social Selling-Aktivitäten – wie fürs Zähneputzen – Routinen fest. Wenn Sie Ihren Laptop / PC etc. hochfahren, öffnen Sie als erstes Ihre Social-Media-Accounts, damit Sie immer sofort damit arbeiten können.

➢ Setzen Sie sich persönliche Social Selling-KPIs wie zum Beispiel ...

... täglich drei neue Vernetzungen / 660 in den ersten 12 Monaten
... 2x pro Woche eigenen Content / Inhalte posten
... täglich 3x liken + kommentieren
... gratulieren Sie zu Geburtstagen, Jubiläen und Positionswechsel

Damit werden Sie eine überraschende Dynamik initiieren, die nach den ersten Monaten zu ersten Inbound-Kontakten / Anfragen per Inmail / PN (Private Nachricht) führt.

➢ ... und: Entwickeln Sie Ihre Social Selling Expertise kontinuierlich weiter, indem Sie den Accounts von Social Selling-Instituten sowie Web-Aided-Selling-Experten folgen.

https://www.schreiber-training.de

Social Selling in der Zusammenarbeit von Marketing und Vertrieb

Name: Mike (Michael) Spiewok

Nach einer technischen Ausbildung und einem anschließenden Auslandsaufenthalt wagte ich schnell den Schritt in den Investitionsgüterverkauf. Mein Know-how in Verkauf und Verkaufsleitung erwarb ich über die Jahre in verschiedenen Jobs und Branchen wie Telco, IT und Dokumentenmanagement. Nach Weiterbildungen zum Verkaufskoordinator und Eidg. Dipl. Verkaufsleiter durfte ich bereits in jungen Jahren Sales-Teams aufbauen, managen und zum Erfolg führen.

Seit über 18 Jahren arbeite ich für die Canon (Schweiz) AG. In den vergangenen zehn Berufsjahren kamen viele neue Erfahrungen im Aufbau von Telemarketing und Inside Sales Teams sowie im gesamten CRM-Bereich dazu. Nach einer Crossmedia-Management Weiterbildung an der Fachhochschule Nordwestschweiz FHNW bin ich seit 2016 für die Planung und Umsetzung von crossmedialen Marketingkampagnen zusammen mit Produktmarketing und Verkauf verantwortlich. Nebst meiner Aufgabe als Marketing-Campaign-Experte bin ich zudem für die Etablierung und Implementation von Modern Selling Strategien verantwortlich.

1. Was sind für dich die wichtigsten Erfolgsfaktoren im Social Selling?

- Überzeugendes Social Media Profil
- Kontinuierlich überzeugenden Inhalt liefern
- Zum Dialog bereit sein und stetiges Interagieren
- Natürliche Neugierde an Social Selling Strategien
- Zuhören/Mitlesen, Erfahren, Forschen und Eingliedern

2. Wie viel Zeit sollten Vertriebsmitarbeiter pro Woche investieren?

Grundsätzlich ist das sehr individuell und abhängig von Branche, Aufgabe und Nutzen.

In unserem Fall beispielsweise investiert ein Vertriebsmitarbeiter für bestehende Stammkunden und ohne Aufgabe Neukunden zu gewinnen weniger Zeit, als der «Hunter» im Mid Market/Enterprise Segment, der praktisch nur Neukunden gewinnen soll. Wichtig finde ich, täglich Zeit für Social Selling Aktivitäten zu investieren. Pro Woche kommen dann etwa eine halbe Stunde bis vier Stunden zusammen.

3. Wie können Marketing und Vertrieb gut zusammenarbeiten?

Idealerweise stellt das Marketing genügend Inhalte und Textmaterial zur Verfügung, welche dann von den Sales 1:1 übernommen oder in selbst aufbereiteter Form einfach angepasst werden können.

Die Erfahrung zeigt, dass 1:1 von der Firma übernommene und geteilte Inhalte weniger Reichweite erzielen als mit eigenen Worten geschriebene und authentisch wirkende Beiträge.

Wir nutzen eine Plattform, wo wir den Vertriebsmitarbeiter und anderen interessierten Mitarbeitern regelmässig Posts zur Verfügung stellen, die über die eigenen Kanäle geteilt werden können. Die Texte dürfen – solange man sich an die vorgegebenen Social Media Richtlinien hält – für den eigenen Post individuell angepasst und verändert werden.

4. Welche Empfehlung hast du für Vertriebsmitarbeiter, die gerade mit dem Social Selling anfangen?

- LinkedIn Profil anlegen – «Dein digitaler Zwilling»
  - Professionelles Foto
  - Hintergrundbild anpassen
  - Überzeugender Titel oder Profil-Slogan festlegen
  - Persönliche URL auf Klarnamen festlegen
  - Kontaktdaten bearbeiten um für Kunden/Prospects erreichbar zu sein
  - Infofeld: Kurzbeschreibung mit Keywords bearbeiten
    - Wer bin ich? Erfolgreich, glücklich, …
    - Was tue ich?
    - Wie helfe ich anderen? – Call to Action
    - Videos, Weblinks, Präsentationen inkludieren
  - Berufserfahrung und Ausbildung detailliert aufführen

- o Kenntnisse aufführen (die dann bestätigt werden können)
- o (Um Empfehlungen bitten)
- o Privacy festlegen
- Beginne mit Deinen Aktivitäten
  - o Folge Deiner Firma und Mitarbeitern
  - o Erweitere Dein persönliches Netzwerk – Baue eigene Beziehungen auf (die Dir im Verkauf weiterhelfen können)
  - o Sei bereit zum Netzwerken – lege Deine Erfolgsfaktoren fest
  - o Like, kommentiere und teile relevante Beiträge – errege Aufmerksamkeit
  - o Schreib eigene Beiträge und teile sie mit Deinem Netzwerk

Social Selling für Selbständige

Maik Pfingsten ist seit 15 Jahren als freiberuflicher Systemingenieur im Maschinenbau unterwegs. Seine Dienstleistung besteht aus der Erstellung eines vorgegebenen und vollständigen Lastenhefts in zwei Wochen. Zudem bietet er ein virtuelles Mentoring im Bereich „System Engineering" an. Seine Dienstleistung hat er in der Form eines Productized Service standardisiert.

1. Welche Chancen bietet Social Selling für Selbständige?

Für Selbständige bietet Social Selling ganz besondere Chancen im B2B Online-Marketing, gerade wenn man als Selbstständiger oder Freiberufler unterwegs ist.

Es ist es oftmals eine Herausforderung, Kunden auf sich aufmerksam zu machen und für diese Kunden sichtbar zu werden, so dass diese Kunden das Vertrauen gewinnen, dass wir mit unserer Dienstleistung genau die richtigen Ansprechpartner sind.

Bis zu dem Schritt, dass wir ihr Problem bestmöglich lösen können, vom Schritt wo unsere Kunden uns noch nicht kennen bis zu dem Punkt wo sie sagen, ich frage mal ob der Dienstleister oder Freiberufler dieses Problem für mich lösen kann, ist es ein langer Weg. Gerade mit Social Selling sind wir in der Lage, sehr schnell einen guten Kontakt zu einem relevanten potentiellen Kunden aufzubauen, mit ihm schnell ins Gespräch zu kommen und uns für den Kunden auch als möglicher Lösungsanbieter sichtbar zu werden.

2. Ist es besser, viele Kanäle zu benutzen oder soll man sich spezialisieren?

Social Media Plattformen können gerade für kleine Freiberufler und Selbstständige oftmals eine große Herausforderung sein, allein schon durch die schiere Masse an potenziellen Plattformen.

Dies führt oftmals dazu, dass man versucht überall zu sein, aber sich auf keine Plattform spezialisiert hat. Es wird viel Energie darein gesteckt, ohne dass es sich am Ende des Tages rentiert.

Im Grunde muss man sich das so vorstellen: Eine Social Media Plattform ist so etwas wie ein fremdes Land, in dem ich eine diplomatische Instanz errichten kann. Sprich, mein Ziel ist es, dort mit den „Einheimischen" in Kontakt zu treten, sie für mich und meine Themen zu begeistern und sie für unsere Dienstleistungen aufmerksam zu machen.

Man baut also quasi eine gute diplomatische Beziehung zwischen verschiedenen „Nationen" auf. Deshalb macht es Sinn, sich lieber auf ein oder zwei Social Media Kanälen zu fokussieren und diese mit einer diplomatischen Instanz „auszurüsten". Diese werden professionell bespielt, sprich, seine ganze Energie und den Fokus darauf zu legen, diese eine Plattform wirklich gut zu beherrschen und damit entsprechend auch den Social Selling Ansatz dort best möglichst umzusetzen.

3. Wie wichtig ist eine Expertenpositionierung an der Spitze?

Gerade Freiberuflerinnen und Freiberufler sind oftmals Meisterin und Meister ihres Handwerks und da ist es ganz besonders wichtig, sich sehr stark und klar zu positionieren. Der Grundsatz lautet: eine Person, ein Problem, eine Lösung. Das bedeutet: ich habe ein ganz klares Bild für diese eine Person. Wer ist mein idealer Kunde, was für ihn das ein Problem, das ich perfekt für diesen Kunden lösen kann und was ist die bestmögliche Lösung für dieses Problem bei diesem Kunden?

Gerade im Online Sales im B to B können wir viel schneller mit unseren Kunden ins Gespräch kommen, ihnen Angebote präsentieren und erfolgreich Aufträge annehmen.

Gerade hier, wenn wir eine großartige Expertenpositionierung haben, können wir im Social Selling hocheffizient genau diese eine ideale Person ansprechen, mit ihr in Kontakt treten und durch die Art und Weise, wie wir das Problem im Kopf des Kunden formulieren, auch oftmals dafür sorgen, dass der Kunde das Angebot schnell annimmt. Wir können ihm schließlich die perfekte Lösung für dieses Problem anbieten. Also gerade für Social Selling ist eine hohe Expertenpositionierung ein ganz großer Hebel um das nochmal zu verzehnfachen.

Social Selling im B2B-Vertrieb: Ausblick auf den Vertrieb der Zukunft

Markus Härlin, Head of Inhouse Sales Consulting bei Hays

Markus Härlin ist ein erfahrener Vertriebsmanager und arbeitet beim Personaldienstleister HAYS. Dort ist er verantwortlich für das Inhouse Consulting des strategischen Vertriebs. Außerdem leitet er im Bundesverband der Vertriebsmanager die Expertenkommission Social Selling. Er sieht sich als einen klassichen Vertriebler im digitalen Anzug!

1. Was bedeutet für Dich Social Selling?

«Social Selling» bedeutet «Verkaufen mit Social Media» und ist die größte Innovation im Vertrieb seit der Erfindung des Telefons.

Es ist nicht nur ein neuer Vertriebskanal, sondern kann, ähnlich wie Marketing, bereits als «Lead Generator» wirken. Social Selling bedeutet «Verkaufen mit Social Media». Plattformen wie LinkedIn oder XING dienen dabei als «Top of Funnel» zum Beziehungsaufbau vor dem Neugeschäft, und als ein Tool zur Kontaktpflege bei Bestandskunden.

Vertriebsprofis haben durch Social Selling die Möglichkeit, tief in ihre Kunden reinzuhören oder sich «digital zu skalieren».

Social Media ist für mich persönlich Sog, nicht Druck. Also eher für «Personal Brand Marketing» als für Direct Marketing geeignet. Es ist für mich kein weiterer Kanal für ein individuelles E-Mail-Marketing (Push), sondern es geht darum, durch regelmäßigen Content die eigene Marke aufzubauen! Es geht um Sog, nicht um Druck.

2 Wie wichtig ist es, dass Vertriebsmitarbeiter Kenntnisse im Social Selling haben?

Absolut wichtig! Heute ist ein Großteil der Kaufentscheidung bereits im Internet gefallen («Zero Moment of Truth»), bevor der Kunde zum ersten Mal mit dem Vertrieb spricht. Mit einer guten Präsenz auf Social Media bist du für deine Kunden ein wertvoller Touchpoint, der ihnen viele kleine Erlebnisse («Micro Moments») bereits im frühen Stadium des «Lead Nurturing» beschert. Hier ist Social Media dein eigenes Business Magazin mit dir als Redakteur.

Im Extremfall kannst du dich als Corporate Influence (Thought Leader) deiner Branche profilieren. Mindestens aber brauchst du ein Social Media-Profil, das wie eine digitale Landingpage wirkt.

Und natürlich Social Listening: Tief in den Kunden hinein horchen: Ein CRM, das sich selbstständig pflegt.

2. Wie wichtig sind Communities?

Communities sind sehr wichtig. Communities helfen dir heute, deinen Job zu machen, indem du Zugang zu Support, Informationen und Ideen bekommst. Und zugleich kannst du strategische Kontakte knüpfen für das Business von morgen.

3. Was würdest du Verkäufern und Vertriebsmitarbeitern raten, die noch Vorbehalte haben?

Anfangen! Zuerst das eigene Profil zu einer Landing-Page machen. Danach sich mit den richtigen Kunden vernetzen und in sie reinhören (Social Listening). Dann nach und nach Beiträge liken und kommentieren. Und am Ende: Selbst posten. Sofern man etwas zu sagen hat.

Social Selling im B2B-Vertrieb: Content Marketing und Corporate Influencer

Klaus Eck unterstützt als Berater seit mehr als 25 Jahren Marken bei der Digitalisierung ihrer Unternehmens-, Marketing- und Kommunikationsprozesse. Er hat vier Fachbücher und zahlreiche Publikationen in Zeitschriften über Content Marketing, Corporate Influencer und Reputation Management veröffentlicht. Seine Beratungsschwerpunkte liegen im Aufbau von Corporate Influencer Programmen und im Content Marketing.

1. Wie hängen Social Selling und Content Marketing zusammen?

Bevor jemand eine Kaufentscheidung trifft, informiert er sich sehr gut. Laut einiger Studien haben Kunden mindestens siebenmal Touchpoints eines Unternehmens besucht, bevor sie tatsächlich etwas kaufen.

Jedes Mal ist dabei Content im Spiel. Dieser dient dazu, Vertrauen aufzubauen. Im Social Selling geht es immer um das Knüpfen von Beziehungen. Das «Social» ist von enormer Bedeutung. Selling ist erst denkbar, wenn eine sehr gute Vertrauensbasis entstanden ist.

Im Content Marketing biete ich etwas an, was sehr journalistisch geprägt ist. Es sind keine werblichen Inhalte, mit denen ich meine Kunden anspreche, sondern relevante Informationen, die meinen Stakeholdern helfen. Im Gegensatz zur Werbung überwältige ich niemanden. Stattdessen helfe ich als Unternehmen mit meinen Angeboten und bringe mich dadurch für eine Geschäftsbeziehung ins Spiel.

An jedem Punkt der Customer Journey entwickle ich das Content-Angebot weiter, gehe auf die jeweiligen Interessen meiner Stakeholder ein und liefere gegen Ende des Funnel klare Informationen, die eine Kaufentscheidung erleichtern.

Als Social Seller berate ich meine Kunden und unterstütze sie ebenfalls durch meine Informationen im Kaufprozess. Werbliche Inhalte wirken zu platt und bilden keine Kaufanreize im Social Selling. Sie verlassen den Pfad des Social Sellings und machen daraus eine Art Hard Selling.

2. Was macht guten Content (Inhalt) aus?

In der Aufmerksamkeitsökonomie können es sich Unternehmen nicht mehr leisten, Websites, Blogs und Social Media-Kanäle zu bespielen, ohne dabei an die jeweiligen Stakeholder zu denken.

Die Rezipienten entscheiden, was ihnen gefällt. Aus diesem Grunde müssen Content-Produzenten darauf achten, dass sie mit ihren Angeboten den Bedürfnissen ihrer Kunden entsprechen.

Bei der Auswahl eines Social Media Kanals lohnt es sich herauszufinden, ob die Adressaten dort überhaupt Interesse an den gebotenen Content Formaten haben. Guter Content ist relevant, liefert einen klaren Mehrwert für die jeweiligen Nutzer und entspricht deren Erwartungen.

Ansonsten findet der Content keine Aufmerksamkeit und erzielt keine großen Reichweiten. Insofern muss ein Content Creator immer darauf achten, auf der richtigen Plattform zur richtigen Zeit den passenden Inhalt anzubieten.

3. **Was ist der Unterschied zwischen Social Selling und Corporate Influencern?**

Ein Social Seller ist ein Corporate Influencer, der vertriebliche Ziele verfolgt. Im Prinzip kann er den Content von anderen Corporate Influencern nutzen, um seine Leadgenerierung zu unterstützen.

Noch wichtiger als die Content-Produktion ist bei einem Social Seller die Kundenkommunikation. Über eine Mischung eigener Inhalte und Kommentare in Social Media bauen Social Seller ihre Geschäftsbeziehungen auf LinkedIn und anderen Plattformen aus.

4. **Welche Rolle spielt dabei das Top Management?**

Führungskräfte nehmen eine wichtige Rolle als interne Vorbilder für Corporate Influencer und Social Seller ein. Sie sind Leuchttürme in der Aufmerksamkeitsökonomie, weil sie als Experten oder CEOs medial stärker wahrgenommen werden. In der eigenen Organisation machen sie durch ihren Social-Media-Auftritt deutlich, dass LinkedIn, Twitter und co. nicht mehr nice to have, sondern sogar geschäftsrelevant sind.

Dr. Phillipp Schmid

Weitere Informationen finden Sie unter www.drphilippschmid.com oder auf meinem LinkedIn-Profil.

https://www. LinkedIn.com/drphilippschmid

Bitte scannen Sie den QR-Code, um zu meinem LinkedIn-Profil zu gelangen.

Bonus-Tipp: Sie können Ihren QR-Code in der LinkedIn-App erstellen.

Quellen

1. Statista, 2020, Ausgewählte Länder nach der Anzahl der registrierten LinkedIn-Mitglieder im Jahr 2020, Stand 09.12.2020, abgerufen am 31.01.2021, https://de.statista.com/statistik/daten/studie/194634/umfrage/anzahl-der-nutzer-von-linkedin-nach-region/

2. IDC, 2014, New IDC Study Reveals That the Most Senior and Influential B2B Buyers Use Online Social Networks in Their Purchase Process, abgerufen am 17.03.2021, https://www.businesswire.com/news/home/20140915006303/en/New-IDC-Study-Reveals-That-the-Most-Senior-and-Influential-B2B-Buyers-Use-Online-Social-Networks-in-Their-Purchase-Process

3. LinkedIn, 2018, Verwendung der Option „Ich kenne diese Person nicht" für Einladungen, abgerufen am 20.12.2020, https://www.LinkedIn.com/help/LinkedIn/answer/2974/using-the-i-don-t-know-this-person-option-for-invitations?lang=en

Verwendete und empfohlene Literatur

Beilharz, F., 2014. *Social Media im B2B*. Köln: O'Reilly.

Capaul, F. & Schwitter, M., 2019, *Let's Link!* Zürich: Versus.

Schuster, N., 2020, *Digitalisierung in Marketing und Vertrieb*. Freiburg: Haufe.

Die englische Version dieses Buches (ohne Experteninterviews) lautet: „A Simple Guide to Social Selling Mastery: A Step-By-Step Guide For Sales Engineers To Master The Digital Sales Process, Connect With Customers, Generate Leads, And Make Profitable Sales" und ist auf Amazon erhältlich.

Zeitfracht Medien GmbH
Ferdinand-Jühlke-Straße 7
99095 Erfurt, Deutschland
produktsicherheit@kolibri360.de